JN045228

リモート・マネジメントの極意

テレワークでも部下のやる気がぐんぐん伸びる!

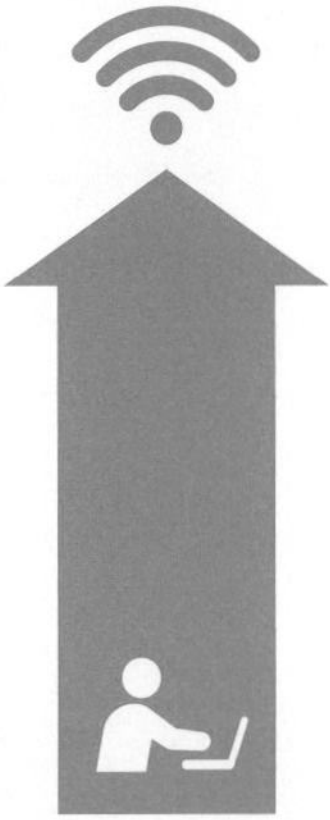

岡本文宏
Fumihiro Okamoto

WAVE出版

はじめに
――リモート・マネジメント歴20年のノウハウをすべて公開します！

この本を手に取っていただいたあなたは、こんな悩みをお持ちではないですか？

- ●テレワークの部下がサボっていないか不安だ
- ●テレワークの部下とコミュニケーションがうまくとれない
- ●テレワークの部下のモチベーションが上がらない
- ●テレワークの部下にまかせた仕事の進捗が気になりストレスを感じている

●テレワークの部下にまかせた新人教育が思ったように進まない
●テレワークの部下たちとの会議が苦痛だ
●テレワークの部下たちをまとめることができない

コロナ禍が広がる中で急速に進んだテレワーク（リモートワーク）という働き方。一部の大手企業やＩＴ企業では、全社員のテレワーク化を基本とすると早々に発表し、新しい働き方へのシフトチェンジが着々と進んでいます。

一方、従来のオフィス勤務とテレワークを併用するハイブリッドスタイルを採用する企業も多くあります。いずれにせよ、同じオフィスで同僚、上司、部下と四六時中、顔を合わせて仕事をするという働き方は、大幅に減少していくことになります。

働き方の多様化が今後進んでいくと、企業の外で働く人（フリーランス）との協業が当たり前となります。彼、彼女たちは若手を中心にテレワークが基本です。加えて、都市部への通勤を避け、ローカルエリアに移住して、自宅で働くことを主とする人も増えていきます。

そうなると、毎日、リアルな職場に通勤して仕事をするというスタイルは、過去のものとなり、それにともない、今までの人材マネジメント、チームビルディングのノウハウが通用しない場面が増えていきます。すでにそのことを実感し、頭を抱えている方も多いことでしょう。

本書では、これからの働き方のスタンダードとなるテレワークで仕事をする部下を巻き込み、組織をまとめ、成果を上げるために必要な〝リモート・マネジメント〟の具体的な考え方と手法について詳しくご紹介していきます。

第1章では、リモート・マネジメントを行なう際に知っておくべき考え方の基本をお伝えします。

第2章では、遠隔地で働く部下へのマネジメントで一番の問題となる、コミュニケーション不足の解消法について解いていきます。

第3章では、リモート・マネジメントの核ともいえる、テレワークで働く部下への仕事のまかせ方を具体的に説明します。

第4章では、コロナ禍で大きな問題となった、リモート環境下での人材教育のあり方と進め方についてふれていきます。

第5章では、自宅で1人で働く部下の心を支え、モチベーションを高めるために効果的な1on1ミーティングをリモートで行なう手法をご紹介します。

第6章では、リモートの環境下で大きくやり方が変わった会議について、準備の段階からうまく進めるためのコツまでを詳しく解説していきます。

実は、筆者自身、リモート・マネジメントの長年の実践者でもあります。人材育成サポートを主業務とする経営コンサルティング会社を2005年に創業以来、クライアント企業さまに実際に出向くことなく、テレビ会議システムや電話、Eメールなどを利用したコンサルティングを行ない、成果を出しています。また、手がけているプロジェクトは外部スタッフと連携することが大半で、打ち合わせはすべてリモート会議で行なっています。

また、以前経営していたセブンイレブンの店舗は24時間営業のため、早朝や深夜勤務のスタッフとは顔を合わせる機会がほとんどないという状況でも、スタッフの定着率が出店エリア内でダントツに高い状態（地区平均の4倍）で運営ができていました。これもいわばリモート・マネジメントです。それを含めれば、20年以上にわたってリモート・マネジメントを実践していることになります。

本書では私自身の経験、クライアント企業さままでの実践事例も織り交ぜつつ、新しい働き方（テレワーク）に対応する新しいマネジメント手法であるリモート・マネジメントのすべてをお伝えしたいと思います。

目次

テレワークでも部下のやる気がぐんぐん伸びる！　リモート・マネジメントの極意

第1章　「いきなりテレワーク！」で困った上司への処方箋

第2章 リモートで現場のすべてを把握する

第3章 リモートでまかせるためのテクニック

第4章 リモートで育てるためのテクニック

第5章 リモートでもできる1on1ミーティング

第6章 リモートで会議のムダを半減させる！

ブックデザイン　bookwall
本文DTP&図版作成　津久井直美
プロデュース&編集　貝瀬裕一（MXエンジニアリング）

第1章

「いきなりテレワーク!」で困った上司への処方箋

01

会わないで部下をマネジメントする心がまえ

テレワークで働く部下と顔を合わせるのは、スマホやパソコンのモニターの中だけです。しかも、1日、数回しか話をすることがなくなりました。当然ですが、部下の働いている姿を見ることはできません。そうすると、そばにいない部下の仕事ぶりを想像するしかなく、こういう場合、よいケースではなく、たいていは最悪のケースをイメージしてしまいます。

「仕事をやらずにサボっているのではないか?」と心配になることもあるでしょう。ミスをしたり、スケジュール通りに業務を完了させることができず締め切りに間に合わなかったりすると、「やっぱり、ちゃんと仕事をしていなかったんだ!」と思い、イライラが沸点に達します。結果として、自分自身の仕事にも手がつかなくなり生産性が著しく落ちてしまいます。組織全体の運営にも悪影響を及ぼしてしまいかねません。

そもそも人の脳は、ネガティブなことを考えやすい構造になっていて、心理学では「ネガティブバイアス」と呼ばれています。太古の昔の人間にとって、生きていくことは常に危険と隣り合わせでした。

たとえば、原野を歩いていて、遠くに見える岩のようなものを、単なる岩として捉えてしまえば、そのまま直進して行くことになります。もし、それが岩ではなく、猛獣であったならば、襲われて命を落としてしまいます。岩のような物体を発見したとき、「もしかしたら、サーベルタイガーではないか？」と考え、最悪の事態が起こることを予測できれば、それ以上近づくことはしないので、命を落とすことはありません。このように、物事をネガティブに捉えることで危険回避をして、生きながらえてきたという経験が、現代の人間の脳にも影響しているといわれています。

また、過去に部下が仕事中にスマホを閲覧して、サボっている姿を見た経験があったとしたら、そのときの記憶がよみがえり、「仕事をせずに、ずっと動画サイトを見たり、ゲームをしているのではないか？」と妄想をふくらませてしまいます。

ただし、多くの従業員は皆、課せられた自分の業務をしっかり完了させようと思い仕事に取り組んでいます。上司の目を盗んで、「サボってやろう」なんてことを考える人は滅多にいるものではありません。

しかしながら、リモートワークをしている部下のことを四六時中監視することはできないので、部下が真面目に仕事をしているのかどうか、心配で仕方がないという方もいるでしょう。

一部の情報だけをもとに、すべてのことを安易に判断してしまうことは、「ヒューリスティック・バイアス」と呼ばれ、上司や経営者がこのトラップにおちいると、経営上の判断を誤り、取り返しがつかない事態を生んでしまうので要注意です。

マネジメントで必要なのは事実を正確に捉えることです。そのためには、彼、彼女たちのマイナス面だけにフォーカスするのではなく、**プラス面にも焦点を当てること**

が大事です。具体的には、この1年ほどの間の、彼、彼女たちの行動や言動を思い返してみてほしいのです。

「成果を上げたこと」「協力的だったこと」「がんばっているなと思えたこと」「成長したなと思えたこと」など、部下のことをポジティブに捉えることができる項目を10個以上、できるだけ多くリストアップしてみましょう。少し時間はかかるかと思いますが、10個程度であれば出てくるものです（19ページの「プラス要素発見シート」をご利用ください）。

部下のよい面について考えていくと、バイアスがかかっていない、彼、彼女たちの本来の姿が見えてきます。そうすると「がんばってくれているな」「ちゃんと仕事に取り組んでくれているのでありがたい」という具合に、感謝の気持ちを持てるようになれます。そんな風に部下を捉えることができれば、疑う気持ちは消えていきます。こちらが、そのような心情でいることは、部下にも伝わるので、職場内での上下の人間関係がよくなります。**物理的に離れて仕事をしていても、心の距離だけは近くあるべきです。**

会わないで部下をマネジメントする心がまえとしては、部下のことを疑うのではなく、信じることです。上司、経営者が性善説の立場でいることはとても大切です。

POINT

会わないで部下をマネジメントする心がまえ

1 監視していないとサボるような人は滅多にいない

2 バイアスを振り払い、事実を正確に捉える

3 性善説の立場に立ち、部下を信じる

※「プラス要素発見シート」の記入版（無記入）をダウンロードできますので、ぜひご活用ください。以下のQRコード、もしくはURLよりリンク先の登録フォームより申請してお受け取りください。

https://okamotofumihiro.com/rmpre/

■プラス要素発見シート　　　　　社員名　○○○○

※この1年間で“プラス要素”と感じられるエピソードをできるだけ多く記入しましょう。

○成果を上げたこと
〈例〉社内の企画コンペで第3位に入賞した。
〈例〉新規クライアント獲得件数が部内2位だった。
〈例〉先月は昨年同月比で残業時間が半分になっている。
〈例〉年間累計売上が同期でトップになった。
○協力的だったこと
〈例〉A社へのプレゼンのときにパワポ資料の修正を積極的に手伝ってくれた。
〈例〉新入社員の教育係としてメンター役に手をあげてくれた。
〈例〉オンライン・ランチ会の幹事に自ら立候補してくれた。
○がんばっているなと思えたこと
〈例〉苦手な業務を克服するためにトレーニングに励んでいた。
〈例〉取引先のBさんからお褒めの言葉をいただいた。
〈例〉新人とコミュニケーションをしっかりとり、日々相談に乗っている。
〈例〉新しい情報を積極的にインプットしようとしている。
○成長したなと思えたこと
〈例〉周りの意見を尊重しつつ自分の意見を発言できるようになった。
〈例〉会議で自分のアイデアを提案できるようになった。
〈例〉営業報告レポートのレベルが格段にアップした。

02

どうすれば、会わずに「やる気」を上げることができるのか？

テレワークが導入される以前、部下と毎日顔を合わせていた頃でも、「マネジメントがうまくできていたのか？」といえば、そうでもなかったのに、1日数分、小さなモニターの中で顔を合わせるだけで、どうやって部下のやる気を上げればいいのかわからず、お手あげ状態の方も多いことでしょう。

私は年間に100回以上、10年以上にわたって、セミナーや研修で登壇してきました。会場で受ける質問で、毎回のように尋ねられるのが、「モチベーションの上げ方」です。

まず、**多くの経営者、上司の方たちが誤解をしているのは、部下のモチベーションを自分が上げなくてはならないと思っていることです。**カナダの精神科医 エリック・バーンが、「過去と他人は変えられない」という言葉を残していますが、上司の側からアプローチを仕かけたとしても、部下の心の中にあるモチベーションの火を灯すことは難しいのです。「やる気を出せ！」とモニターの中から、いくら檄を飛ばしても無意味だということです。

また、「販促キャンペーンで優秀な成績をあげたら報奨金が出る」など、目の前にニンジンをぶら下げたとしても、飛びつくのはごく一部の部下のみという場合が大半ではないでしょうか。しかも、そういう部下は普段から業績がよく、別に報奨金が出なくてもよい成績を残します。中には、報奨金欲しさにがんばる人も出てきますが、そういう人はニンジンを手に入れた瞬間にモチベーションの火が消えて、元の状態に戻ってしまいます。

賃金のアップだけではなく、休日の増加など待遇面での改善を打ち出したとしても、瞬間的にはモチベーションは上がる場合もありますが、多くは短期的にしか効果はありません。**外部からのアプローチでは、本当の意味でのモチベーションアップはできないのです。**

ですので、経営者や上司が音頭をとって、キャンペーンを仕かけても、それが、自分にとって、心から「やりたい！」と思えない場合は、口では「がんばります！」と言っておきながら。実際には「怒られない程度に仕事をする」だけになってしまうのです。もちろん、これでは成果も上がりません。

必要なのは、部下に心から「やりたい！」と思わせることです。これを「内発的動機づけ」といいます。

では、内発的動機づけを彼、彼女たちの中で発動させるにはどうすればよいのでしょうか？

❶ メリットを感じさせる

業務に携わることで自分が理想とする状態になれることがわかれば、行動に結びつきやすくなります。

たとえば、このプロジェクトが成功すれば、昇進の道が開くとなれば、出世欲が強い人はメリットを感じてモチベーションアップにつながります。その業務をすることでメリットがあると思わせることがカギです。

また、「成長する」と感じさせるのも効果的です。人は誰でも、「成長したい」と思っています。成長欲求は人間の根源的なニーズの1つであり、それを満たすことができるとなれば、自発的に業務に取り組むようになります。

「成長できる」と実感できるような職場からは、人は離れようとはしませんので定着率のアップにもつながります。

❷ 評価する

行動したことについて、なんらかの評価を受けることは、内発的動機づけを発動させるのに効果があります。

経営者、上司からよい評価を得られれば、当然気持ちは上がります。ただ、そうでなくても、なんらかのフィードバックがあれば、それがモチベーションアップのきっかけとなります。

具体的には、優秀社員として皆の前で表彰される。上司が日頃の感謝の気持ちを言葉にして伝えるなどといったことです。私のクライアント企業では、月に1回、「ねぎらいのメッセージ」を一筆箋にしたためて、給料明細と一緒に手渡しているケースもあります。その職場はアルバイトを含め、従業員の定着率は高く、やる気も高い状態を保っています。

人には周りから「価値ある存在として認められたい」と思う承認欲求があります。この認められたいという思いを満たすことでモチベーションが上がることになります。

たとえば、報告書を提出したら、すぐに上司から受け取りの返信が来て、中身についてなんらかのフィードバックがあれば、「ちゃんと見てくれているのだな」と思えます。そうすれば、次の機会も「報告書をしっかり記入しよう」と思うでしょう。逆に提出してもなんのリアクションもなければ、報告書を書く意義を見失い、提出もままならなくなります。

テレワークを行なう場合、このフィードバックについて大きな問題があります。それは、普段、仕事をしている姿を見ることができないので、提出されたレポートや営業成績など、アウトプットされたものでしかその人のことを評価できないことです。そのやり方には、かつて欧米企業の真似をして、大手企業が〝成果主義の評価制度〟

を取り入れた時期に、「ほとんど成果が出ない」もしくは「悪影響が出た」ということで、数年後にはとりやめたという〝黒い歴史〟があります。その二の舞になってはいけません。

苦手な仕事をまかされたときなどは、一生懸命努力をしたとしても、よい結果が出ない場合もあります。

私がアパレル専門店チェーンに勤務していたときに、商品企画部に配属され、思ったように仕事を進めることができず悩んでいた時期がありました。いろいろと本を読んだり、先輩や取引先の方に相談をしたり、質問をしたりしてなんとかよい企画をひねり出そうとするのですが、当時の私にとって、アパレル商品の企画を立案し、商品政策を練り上げることは苦手な分野だったのです。

そういうプロセスを見ていた上司は、1年後に、私を営業部に異動し、エリアの統括マネージャーに配置転換させたのです。営業は私の得意分野であったということもあり、ありがたいことに、2年連続で社内ナンバーワンの成績をあげることができました。
当時の上司（ブランド本部長）は、商品企画部での仕事の結果だけを見ていたのではなく、**私の行動＝プロセスについても、しっかりと観察していた**のでしょう。決してサボっていて成果をあげられないのではなく、がんばっているけれど結果が出ていないということを理解していたので、適正な職種へ配置転換することを決めたのだと思います。

テレワークだと、上司はこのプロセスを知ることが難しいのです。結果だけだと、「努力が足りない」とか「能力が低い」などと判断しかねません。私の場合であれば、左遷されていたかもしれません。

上司が間違った判断を下さないために大切なのは、普段の状況が見えず、わからない分、**1対1で対話する機会を増やし、彼、彼女たちの状況を把握していく**ことです。

具体的には「１ｏｎ１ミーティング」を定期的に（なるべく頻繁に）実施しましょう。その実施方法については第5章で詳しく解説します。

テレワークでは、普段の会話がリアルな職場に比べると圧倒的に少なくなってしまいます。1on1ミーティングの中で、部下が置かれている状況を把握し、結果だけではなく、仕事に取り組んでいるプロセスも把握していくことがリモート・マネジメントでは必要なのです。

POINT

会わずして部下のやる気を上げるために

1 心から「やりたい！」と思わせる
2 「成長欲求」と「承認欲求」を満たせるようにはからう
3 アウトプットされたもの（結果）だけではなくプロセスも評価する

03
テレワークで働く時代に求められるリーダー像

体育会系上司は絶滅する

会議の場で大きな声で発言して自分の意見を押し通す。自分と意見が合わない部下や失敗したことに対して大声でどなりつけ、場合によれば手を上げる……。

そういう昭和の臭いがプンプン漂うゴリゴリの体育会系上司が幅を利かせていた時代が長く続きました。しかしながら、平成の終わり頃から、少しずつ形勢が変わり、体育会系上司は「パワハラ」を代表するハラスメント問題の標的とされ、徐々に勢力を弱めていきました。そして、今、多くの企業でテレワークが導入されていく中で絶滅危惧種となりつつあります。

テレワークで働く部下に対して、いくら大声で威圧しようとしても、仮に、身長が高く筋肉質でいかめしい風貌であったとしても、部下はパソコンやタブレットの画面の中でしか上司と顔を合わせません。スマホであれば手のひら大の画面でしかないので迫力に欠けます。

また、どなり声をあげても、リアルな場であれば、耳をふさぐことはできないので、上司がどなり終わるまで部下はガマンして聞きつづけなければなりませんでした。

でも、テレワークなら、端末のボリュームを最小にしておけば、上司の声は聞かずに済みます。いくら上司が声を荒げたとしても、その声が部下に届くことはありません。小さな画面の中で、顔を真っ赤にして口をパクパク動かしている画像は滑稽でしかありません。

今までと同じように、**力で部下をねじ伏せる、したがわせるというようなマネジメント手法は、まったく通用しない時代になった**ということです。圧力をかけてパワーで押し切ることはできなくなるので、本当の意味でのマネジメント力が問われることになります。テレワークで働く部下へはごまかしはきかないのです。

管理を強化するのは逆効果

マネジメント（management）の意味を辞書で調べると、「管理する」とあります。リモート・マネジメントを行なう際に、部下にしっかり仕事をさせようと思い、**管理を強化しようとすればするほど、マネジメントが機能しなくなります。**

1つの業務が終わるたびに完了報告を強要するなど、細かすぎる管理はやる気低下の元凶となります。

また、テレワーカーのパソコン画面を上司が閲覧できるようにしたり、キーボードの操作状況を常時モニタリングできるシステムを導入したり、テレビ会議システムをつなぎっぱなしにして、常に部下の仕事ぶりを見ることができるようにしておくと、ちゃんと仕事をしているのかどうかわかるので、上司としては安心できます。

でも、常に監視されていることになるので、部下としては「自分は信用されていない」と感じます。そうなると、上司のことについても色眼鏡をかけて見るようになってしまいます。これでは、マネジメントはうまく機能しません。

テレワークでマネジメントを行なうには、信用することも大事ですが、もう1つ進めて、〝信頼〟するスタンスでいることが大切です。「信用」という言葉の持つ意味は、「信じて用いる」ことです。「用いる」は言い換えれば、「仕事をさせる」ということです。一方、信頼の「頼」には〝期待する〟という意味が含まれています。**「あなたに期待しているよ!」という姿勢で接すれば、部下はその期待に応えようと思い、一生懸命に自ら進んで仕事に取り組むようになります。**

マネージャーではなくリーダーたれ!

あなたは、マネージャーとリーダーの違いをご存じですか?

どちらも、組織の中での「上司」の意味で捉えられる言葉ですが、私は両者を明確に区別しています。

マネージャーとは、組織の中で辞令を受けて就く役職のことです。一方、リーダーとは組織のメンバーから支持され自然に生まれる役割のことです。

マネージャーは権威、パワーをもとに、組織を束ねようとしますが、リーダーは外圧をかけなくとも、全体をまとめて1つの方向にベクトルを合わせて、組織を率いることができる似て非なる存在なのです。

リアルに顔を合わせることができる職場であれば、先に出てきた体育会系の上司でも、管理職という役職に就くことはできました。でも、これからはそうはいきません。また、部下の業務の進捗を管理することが自分の仕事であると捉えている上司は、AIの導入が進めば、最も早く仕事を失うことになります。管理業務はＡＩが得意とする分野だからです。

これからの時代に必要なのは、テレワークで働く部下を含め、メンバーをまとめてチームとして率いることができる〝リーダー〟です。上司がリーダーになるには、部下からリーダーとして認められることが必要です。

皆から認められているリーダーは当然ですが、部下から慕われ、好かれています。そもそもの話ですが、人間として嫌われるとリーダーの役割は務まりません。しかしながら、「嫌われまい」と思い、本来は注意や指導を行なわなければならないところで、言うべきことを言わない、というのはNGです。そういう姿を周りにいる部下が見ていたら、身勝手な行動をとるスタッフが増えて、マネジメントが効かない状態におちいってしまいます。**部下に対する気配りは必要ですが、必要以上に気をつかわなくてよいのです。**

苦言を呈すべきときは、毅然とした態度で伝えましょう。そのためには、守るべき職場のルール、考え方（経営理念・行動規範）、仕事のやり方について、それぞれ明文化して理解させていきます。もちろん、押しつけになってはいけませんので、部下とそれらについて考える機会を作り、腹落ちさせることが大切です。そのうえで、逸脱している行動や言動をとっているスタッフに対して、イエローカードを出していくのです。

リーダーが行なうべき仕事は、皆に気をつかって波風が立たないように空気をコントロールすることではありません。皆が働きやすいと感じる環境になるように、強制や強要をすることなく1つのチームとしてまとめていくことです。

POINT

これからの時代に部下から必要とされる上司になるために

1 力で押し切るマネジメントは通用しないことを知る
2 リモート・マネジメントでは信用よりも〝信頼〟することが大切
3 皆から認められる真のリーダーになることを目指す

04

心の距離を縮めるキーワード
——共感

人材マネジメントの本を読むと、「リーダーが部下に〝共感〟することが大事である」と書かれています。人は共感を抱いた相手に好感を持ち、大切な存在として扱うようになります。また、「その人の役に立ちたい」と思います。

たとえば、コロナ禍の中で、行きつけの飲食店がテイクアウトを始めた際、その店のファン（常連客）が、頼まれてもいないのに、ＳＮＳで写真やおすすめメニューの紹介文を投稿していたのをよく見かけたかと思います。あれは、その店のマスターや料理に共感を抱いていたからこその行動です。

職場で上司が部下から共感を抱かれれば、それと同様に部下はあなたにとって〝役

立つ〟行動を自然と行なうようになります。

そもそも、共感とはなんなのでしょうか？

そう聞かれて、すぐに答えられる人は少ないかと思います。言葉の意味をあやふやなまま使用すると、相手と自分が認識していることに大きな誤差が生まれてしまいます。マネジメントを行なう際にも注意が必要です。ですので本題に入る前に、ここで共感の意味（定義）を明確にしておきましょう。

『広辞苑』によれば「他人の体験する感情や心的状態、あるいは人の主張などを、自分もまったく同じように感じたり理解したりすること」とありますが、英語に訳すとそれは「sympathy」となります。ここで取り上げる〝共感〟は英語の「Empathy」に相当し、『デジタル大辞泉』の「他人と自分を同一視することなく、他人の心情をくむことをさす」が最もマッチする言葉の定義であると考えます。

カウンセラーやコーチはクライアントの話を聴いて深く共感します。その際、相手の感情に入り込みすぎることはありません。相手が深い悲しみを抱いているときに同じように悲しみ、落ち込んでいれば一緒に落ち込み、逆に喜んでいれば一緒にワクワクするというように、過度に感情移入をしてしまうと、相手の話を冷静に聴けなくなります。また、カウンセリングを受けに来るクライアントは、心に傷を負っていたり、病に伏せているというケースもありますので、カウンセラーが「sympathy」を抱きすぎると、自分もその状態に引き込まれてしまいます。なので、**相手の感情を受け入れるのではなく、〝受け止める〟にとどめている**のです。

経営者、リーダーが行なうマネジメントにおいても、同様に感情移入しすぎることなく、相手の心情をくみ取ることが大切です。そして、冷静にスタッフに対応することが必要です。

共感を得る方法①——心に寄り添う

テレワークをしているスタッフから**共感を得るには、相手の状況を把握して〝気持**

ちに寄り添う〟ことが大切です。

テレワークをしていると孤独感に襲われやすくなり、ちょっとしたことに対して、心細くなったり、気持ちが落ち着かなくなったりする場合があります。スタッフの中にはその不安の抱き方が人一倍強い人がいます。「不安症」という精神疾患である場合もありますが、ここでは、そこまではいかないものの、〝心配性タイプ〟の部下への対処法をご紹介します。

まずは、相手の話を親身になって聴くことで心に寄り添います（話の聴き方については第2章で詳しくご紹介します）。

そのうえで、ほとんどの心配事は杞憂《きゆう》でしかないことを伝えましょう。

米国ミシガン大学の研究によると、心配事が現実になる確率は20パーセント程度しかないとのこと。そのうちの16パーセントは事前に準備をしておけば、回避できるものであり、現実化するのは4パーセントしかないとのことです。

ただ、そうやってデータを並べてみたとしても、なかなか不安な気持ちを解消することはできないかもしれません。そこでおすすめしたいのが以下の不安を取り除くワークです。

❶ 心配事を付箋《ふせん》に書きだす

不安に感じることをリストアップして、1項目ずつ付箋に書き出して、テーブルの上に貼り出します。

❷ 心配事が現実化する確率を予想する

リストアップした心配事が、現実化する確率を予想して各付箋に書き足します。そして、その数値の信ぴょう性について話してもらいます。その際、なぜ現実化するのか、具体的に説明してもらうことがポイントです。

❸ 心配事が「現実化しない」と仮定してその理由を話す

今度は逆に、心配事が実際には起こらないだろうと仮定して、現実化しない理由を語ってもらいます。

❹ 現実化しないとわかった付箋を破り捨てる

心配事について、違う視点から話をし終えたあと、心配していたことは、「単なる思い込みではないか?」「勘違いではないか?」「杞憂だった」と思えた項目が書かれた付箋をテーブルから剥がして、1枚1枚、破り捨てていきます。多くの場合、机の上に残った付箋はごくわずかしかないはずです。

この心配事を消滅させるワークは、私が今のビジネスで独立起業して半年ほどたった頃に、業績がなかなか上がらず、このまま経営をしつづけることができるのかどうか心配して青い顔をしていたとき、当時のメンターから教えてもらいました。

結果、私の心配事はすべて消滅し、それ以来、過剰に心配するようなことはなくなりました。

共感を得る方法② ――伝え方に気を配る

2020年のコロナ禍の中、リーダーとして最も共感を得たのは、国のトップである当時の首相ではなく、大阪府の知事でした。テレビなどのマスコミをはじめ、SNSでも称賛の投稿が目立ちました。

府知事と残念ながら共感を得られなかった首相、また、そのほかの県の知事や大臣と、どこに差があったのでしょうか？

それは〝**伝え方**〟です。

知事の大阪府の取り組みに関する解説は、多くの人がテレビやスマホの画面を通して見ていたでしょう。そこで知事が語った言葉には、重みがあり、心を動かすだけの力強さがありました。

ほかの知事や首相との一番の違いは、〝**自分の言葉**〟で**伝えていた**ということです。

当時の首相の記者会見の報道をご覧になった方は気づかれたかと思いますが、演台のかたわらに、透明の薄い板が設置されていましたね。あれは「プロンプター」という装置で、その板に演説用のシナリオが映し出されていきます。

報道番組でアナウンサーが、一度も手元の原稿を見ずに、テレビカメラのほうを見ながら、ニュースを読み上げることができるのは、同様のプロンプターがカメラの前にセットされていて、そこに映し出される文字を読み上げているからです。

首相は会見の際に、官僚が作った原稿をプロンプターに映し出し、読み上げているだけでした。一度も顔を上げずに下を向いたまま、手元の原稿を読み上げている大臣や知事に比べると、見た目はスマートに見えます。

ただし、言葉はきれいにまとめられ、聞きやすかったとは思いますが、心に刺さったかというと、そうは感じられなかった人が多かったのではないでしょうか。

一方、大阪府知事の会見は、モニターに映し出されたパワーポイントを使いながら説明を行なっていました。高い評価を受けたのは、そこで発表される政策が具体的でわかりやすかったこと、政策実施のスピードが国よりも速かったということもあったのですが、一番は、プロンプターや紙の原稿に頼ることなく、自分の言葉で語ることを貫いていたことにあると私は捉えています。

情報を相手に伝える際、情報の中身自体よりも、〝伝え方〟によって、相手の受け止め方が変わってきます。

リモートワークを行なっている部下へ、会社の方針を伝えたり、自分の考えを伝える際にも、伝え方に気を配ることで、伝わり方が変わってきます。たとえば、新しい方針が決まり、そのことを部下に伝えていく際、単に伝えるだけでは部下の心は動きません。

「どうして方針を変えなければならなかったのか？」
「なぜ、新しい方針に決まったのか？」
「どのように実行していくのか？」
「新しい方針に沿って行動することで、どんな成果を手に入れられるのか？」

これらについて、自分の言葉で伝えていくことが必要です。

また、モニター越しで伝える際は、身振り手振りにも気を配りましょう。直立不動で顔だけを映して伝えるよりも、オーバーアクション気味に手を動かせば、画面に意識が集中します。話している内容が、より伝わるということです。

POINT

共感を抱かれるために

1 部下に共感する際は感情移入しすぎることなく、話を〝受け止める〟ようにする

2 孤独感を抱きやすい部下に対しては、心に〝寄り添う〟ことを意識する

3 自分で考え、自分の言葉で伝えることで〝共感〟される

05 テレワークで部下の時間管理を行なう

テレワークを進めていく中で問題になるのが、部下の時間管理です。働き方改革も進めていかなければならないので、部下の残業時間を極力減らさなければならず、時間管理が苦手な部下がいる場合は気が気ではありません。

始業時間に顔を合わせるようにする

テレワークでの時間管理は、基本的に本人にまかせるしかありません。

たとえば、始業時間については、勤怠システム上で出勤したことにして、そのあと、またベッドに戻ったとしても誰にもわかりません。ですので上司の中には、「サボっていないか？」と、いらぬことを想像してしまう方もいるわけです。

対処法として、始業のタイミングにメールやチャットで、メッセージのやりとりを行なうという方法や、朝一番だけはＺｏｏｍなどのテレビ会議システムを利用し、朝礼に参加してもらうようにして、**１日の仕事が始まることを意識させる**というやり方があります。

その場には、仕事をするうえでふさわしいスタイルで参加することをルールとするのもよいでしょう。テレワーク中心で働いていると、社用で外出することがほとんどなくなるので、いつまでもパジャマ姿でいることになる場合もあります。これでは気持ちがだらけてしまいますし、生活のリズムも狂ってしまいます。仕事に取りかかるときも、なかなかエンジンがかからず生産性が上がりません。朝一でモニターの中に集合するとなると、身だしなみを整えることが必要になります。鏡を見てヘアスタイルをチェックする、化粧をする、髭を剃る、ネクタイを着用する……など、**〝型〟を整えることで、心のスイッチがオフからオンに切り替わります。**

また、「皆もがんばって仕事をしているんだ」ということがわかり、モチベーションのスイッチが入ります。

タスク管理を行なう

1日を自由に使うことができるからといって、ダラダラと仕事をすることになると、どうしても労働時間が長くなってしまいます。また、場当り的に業務をこなしてしまうと、スケジュール通りに完了させられなくなり、チーム全体の業務の進行に影響を及ぼすことになります。

テレワークでの時間管理を確実に行なうには、1日のスケジュールを始業時に提出してもらうことが有効です。その際、タスクの詰め込みすぎの防止と、アクシデント対応などの突発的な業務に対応できる〝余白〟を持たせているかをチェックしましょう。

1日のうちに完了させなければならないタスクを詰め込みすぎると、それぞれのタスクに取り組む時間が十分にとれなくなり、結果として未完了の業務が増えてしまいます。そして未完了なタスクがあると、そのことが気がかりになり、ストレスを感じます。

また、別のタスクに取りかかるには、いったん頭の中をリセットする必要があります。作業を始めて、いきなりフルスロットルでこなせる人は少数派です。徐々にアクセルを踏み込んで、少しずつ加速していくという人がほとんどでしょう。そうなると、リセットするたびに、業務のスピードが下がるので非効率です。

おすすめなのは、**1日に取り組むタスクの数を2個から最大でも3個に制限することです。**午前中に「A」の業務、昼食をはさんで、午後からは「B」の業務という具合に1日に2つのタスクをこなすか、もしくは、夕方に休憩をはさむのであれば、そのあとにもう1つタスクを追加するのを上限としておきます。

タスクの選択にもポイントがあります。午前中は脳が一番活性化している時間帯なので、たとえば、新しい企画を考えたり、提案書をまとめるなど、脳をフルに活用して行なう業務をチョイスします。昼食後は、作業主体のタスクを選びます。その時間帯はどうしても脳のパフォーマンスが落ちますし、眠気が襲ってくる場合もあります。たとえば、私の場合は、午前中は執筆か企画書の作成、また、クライアントさまとのコーチングセッションも、できるだけ午前中に行なうようにしています。そして、午後からはホームページの作成やパワーポイントの制作にあてることが多いです。

午後に休憩をはさんだあとに、3つ目のタスクをこなさなければならない場合は、休憩時間に軽い運動を行なうことで、再度、脳を活性化させることができるので効果的です。米国カリフォルニア大学で学生を対象に行なわれた実験によると、心拍数があまり上昇しない程度の軽い運動を10分間行なっただけで、記憶力を測るテストの成績が上がったというデータがあります。

また、体を動かすと交感神経が活発化し物事を前向きに捉えやすくなります。β-エンドルフィンという脳内物質が出て、幸福感が増すともいわれています。

アンダース・ハンセン氏の著書『一流の頭脳』（サンマーク出版）には、体を動かしたあとはドーパミンが脳内に分泌される量が増えるため、感覚が研ぎ澄まされ、集中力が高まると書かれています。

ですので、夕方に新たなタスクに取り組む前にストレッチをしたり、ウォーキングを行なうことがおすすめです。私はその時間帯に体幹トレーニングを行なうことが多いです。そうすると、集中してそのあとの時間も業務に取り組めます。

ただし、綿密にタスクの実行計画を立てていたとしても、突然、別の仕事が発生するのはよくあることです。たとえば、お客さまからクレームが入ったり、なんらかのトラブルが発生した場合は、スケジュールが大幅に狂ってしまいます。そうなると、すべてのタスクを完了させることができなくなります。

1日の中で、1時間でもよいので、**余白となる時間を設けておけば、そうした突発的なタスクを処理することが楽になります。**1日の中で、そういう時間を設けることができない場合は、週間スケジュールに盛り込みます。具体的には、**1週間のうちの最後の出勤日の午後の数時間に「何もしない」という予定を入れておく**のです。私はこれを「クッションタイム」と呼んでいます。

衝撃や振動を吸収してくれるクッションと同じように、クッションタイムは、スケジュール通りに進まず完了できなかったタスクを吸収し、その時間を利用して完了させるために使います。スケジュールに余白を設けるように部下へ指導することで、スケジュールが大幅に狂うのを防ぐことができます。

テレワークで集中して業務を行なうために

眼鏡チェーン大手のＪＩＮＳが運営するＴｈｉｎｋ Ｌａｂの井上一鷹氏の話によれば、オフィスでは11分に1回、周りにいる人から話しかけられて、集中が途切れてしまうそうです。

自室に閉じこもってテレワークを行なう場合は、同僚から話しかけられることはありませんので、本来であれば仕事に集中することができるはずです。しかしながら、メールやＬＩＮＥ、チャットなどでメッセージが送られて来ると、それが気になりチェックすることになります。当然、作業をする手は止まります。これでは、従来のオフィスと変わらず、集中できなくなってしまいます。

集中力を高めて生産性をアップさせるにはネットからの遮断が必要です。1日のうちに2時間程度でよいので、ネットの常時接続のスイッチをオフにして、目の前の仕事に集中できる環境を作れば、一気に業務が進みます。あらかじめ周りにそのことを伝えておけば、業務に支障をきたすこともありません。

下着メーカー大手のトリンプが、コピー、電話、部下への指示や上司への確認を禁止して、自分の仕事だけに集中する「がんばるタイム」を設けていることは有名ですが、これをモデルにテレワークでも集中できる時間を作るのです。

POINT

リモートで時間管理を行なうために

1 型を整えてモチベーションのスイッチをオンにする
2 タスクの詰め込みすぎに注意し、スケジュールに余白を作る
3 ネットを遮断した環境で集中させる

06

テレワークで仕事をやりすぎてしまう部下への対処法

テレワークで仕事をやりすぎてしまう部下には、〝仕事心〟のブレーキの踏み方を教えましょう。

働き方改革が進行する中、定時で仕事を終えて残業を極力しないように、ルールや仕組み作りがなされてきた職場も多くあります。「ノー残業デイ」の導入が広まり、ワーク・ライフ・バランスを意識する人が増えています。

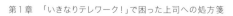

ただ、テレワークで働く場合、部下によっては誰も止める人がいないので、際限なく仕事をしてしまうというケースもあります。

ダラダラ仕事をして、いつまでもその日の業務が終わらないという場合は、働き方を見直して、時間管理を徹底して行なうことが必要です。具体的な方法としては、個人の仕事の進め方で、ムリ、ムラ、ムダが発生していないかをチェックして、それらを徹底的に排除する。「作業のやり方がわからない、やることがわからないので何もしないでボーッとしている」という空白の時間を作らない。1つ1つのタスクを完了させる時間をあらかじめ決めて、終了時間を意識して業務に取り組むようにするなどして対処しましょう。ここでは、それとは異なり、とにかく「仕事が好き！」「すべての情熱を日々の業務に注ぎ込んでしまう」「仕事心のブレーキが効きにくい」というタイプの部下への対処法をお伝えします。

そういうタイプの部下は、一見すると〝社員の鏡〟のように見えます。しかし、休みをとらずに、ずっと仕事に打ち込んでしまうとなると、自分が気づかないうちにストレスを溜め込んでしまい、下手をすると体を壊してしまいます。

そこで、まずは**ストレスを感じているのかどうかチェックすることが大切です。**実は、私自身もこのタイプです。朝起きてから、食事と入浴の時間以外は、ずっと仕事をしていても苦にならず、オンとオフの区別をつけなくても、特にストレスを感じることはありません。

自分自身のワーク・ライフ・バランスについて考えたことはなく、学者の落合陽一氏が提唱している「ワーク・アズ・ライフ」という生き方に共感を抱いていました。もちろん、その考え方には今でも賛成なのですが、息抜きをすることなく、ずっと仕事をしつづけると、無意識のうちに身体にストレスが蓄積されて、体調不良を助長してしまうので、要注意だと感じ、働き方を改めるようにしています。

たとえば、長時間のデスクワークを続けていれば、肩こり、腰痛を患うことになりがちです。また、パソコンのモニターを見つづければ、眼精疲労とともに、ブルーライトによる健康への悪影響、とくに、就寝前にスマホやパソコンのモニターを見つづけることにより、睡眠障害を引き起こす可能性があることが示唆されています。そのことは、厚生労働省の資料にも、長時間、光の刺激が目に入ることで覚醒を助長し、健康を害すると指摘されています。

部下の健康管理に配慮することは、今の時代の経営者、リーダーにとっての必須項目です。「労働安全衛生法」が改正され、労働者が50人以上いる事業所では毎年1回、職場でのストレスチェックが義務づけられていますが、小規模の事業所では、その取り組みがいまだに行なわれていないところも多くあります。

厚生労働省が運営するＷｅｂサイト「こころの耳」に掲載している「5分でできる職場のストレスセルフチェック」を利用するように部下にうながしましょう。そのうえで、自分自身がストレスを感じていることを、自覚できるようにすることが大切です。

◆「5分でできる職場のストレスセルフチェック」
https://kokoro.mhlw.go.jp/check/index.html

1日の時間の使い方を見直す

朝起きてから就寝時間まで、ずっと仕事をやりつづけることになると、視野が狭くなってしまいます。

自分が業務上でかかわる人や出来事以外から情報を得る機会が少なくなるので、狭い範囲でしか物事を見ることができなくなるからです。結果として、新しい発想が出て来なかったり、今のニーズにマッチした提案ができなかったりと、時間をかけた割に成果が出ません。


そういう部下には、1日の時間の使い方を変えてみることをアドバイスしましょう。

具体的には、**仕事をする時間のほかに、「自分に投資する時間」を作る**ということです。

自分に対して投資をする時間とは、ビジネススキルを磨いたり、人間として成長するため、そして、自身の価値を高めることを目的にした、〝学ぶ〟ための時間です。

たとえば、本を読んだり、有益な情報を配信している動画を視聴したり、ビジネス系のオンラインサロンやセミナーに参加することです。


最も手軽にできることは、本を読んだり、動画を視聴することです。ただ今までであれば、移動時間やちょっとした隙間時間をそれらにあてられていたのですが、テレワークだとそういう時間がとりにくくなります。ですので、意識して時間を確保しなければなりません。**1日のスケジュールの中にあらかじめ組み込まないと、常にあと回しになってしまい、いつまでも取り組めなくなります。**

専門家や成果を出している経営者のセミナーを受講することは、〝学び〟の時間としては最も効果的であると私は捉えています。今は、世の中でウェビナー（ネット配信によるセミナー）が多数開催されています。オンラインなのでネット環境さえあれば、スマホやタブレット、パソコンでいつでも気軽に参加できます。

私も「マネジメント情報ラボ」というオンラインサロンを主宰しており、その中でセミナー動画を公開しています。ご興味があればのぞいてみてください。

◆「マネジメント情報ラボ」
https://okamotofumihiro.com/mil

このように意識的に学ぶ機会を設けて自分に投資していけば、結果として仕事の精度が高まり、ビジネスマンとして成長することができます。**「最もリターンの大きな投資は自分自身への投資である」**と諭しましょう。

POINT

仕事のやりすぎにブレーキをかける

1 仕事をやりすぎてしまうことによるストレスに気づかせる
2 仕事ばかりだと視野が狭くなる
3 ビジネスマンとして成長するには自分への投資が欠かせないと伝える

07 離れていてもチームであることを忘れない

〝働き方の多様化〟が進んでいます。これは、今始まったことではなく、数年前からいわれていたことではあります。昨日まで机を並べていた同僚が、いきなり個人事業主として独立し、会社から業務委託を受けて仕事をしはじめるというケースは珍しくありません。健康機器メーカー大手のタニタでは、２０１７年から社員が個人事業主として独立するのを支援する制度を設けています。

今までであれば、社内のチームの中に、外部のスタッフが入って来るケースは、それほど多くなかったのかもしれません。しかし、今後は個人事業主として企業と契約して働く人や、単発でプロジェクトの業務に携わるギグワーカー（インターネットで単発の仕事を請け負う〈主に〉フリーランス〉もチームメンバーとして加わるのが当たり前となります。また、組織が抱える問題が複雑化していく中で、外部の専門知識を持つスペシャリストをチームに加えることも増えていくことかと思います。それぞれ、テレワーカーとしてチームメンバーとなることが多いでしょう。

そうした中で問題となるのは、チーム内での連携やまとまりがなくなってしまうことです。歯車がかみ合っていない組織では思ったように成果を上げることはできません。そこで、**リーダーは今まで以上にリーダーシップを発揮し、チームをまとめていくことが必要**となります。

テレワークが導入される以前の職場では、メンバー全員が同じ空間にいるので積極的に部下に話しかけなくても、自然とちょっとした会話をすることができていました。ですので、〝なんとなく〟コミュニケーションがとれましたし、それによって意思の疎通ができていた部分もありました。また、同じ部署であれば、毎日顔を合わせているので、これもまた〝なんとなく〟1つのチームとして、意識することができていたのではないでしょうか。

しかしながら、テレワークで働くメンバー同士は、それぞれ別の空間で仕事をしていますし、雑談をすることもままなりません。メンバーにチームであることを強く意識させなければ、1つのチームになることはできません。

あなたは、グループとチームの違いをご存じですか？

グループとは、目標を持たない集団であり、単なる仲間の集まりのことを指します。

一方、チームは、目的・目標が明確になっている集団のことです。

テレワークのメンバーに対してチームであることを意識させるために、まず行なうべきことは**チームとしての目的と目標を明確に示し、全員に伝えていく**ことです。

もし、今まで、そういうことを部下に話をしていなかったとしたら、今からでも遅くはありませんので、時間を作ってしっかり話してください。みんなの頭に完全に刷り込まれるまで、事あるごとに、切り口を変えて伝えつづけましょう。

リモートでも雑談できる環境を作る

雑談は単なるムダ話ではなく、〝情報共有の機会〟だと捉える企業が増えています。事実、私のクライアント企業（医療法人）の中にも、雑談を積極的にすることを奨励している企業があります。そうすることで**メンバー同士が各自の状況を把握でき、人間関係がよくなり、仕事がスムーズに進められる**からです。

たとえば、航空業界最大手のＡＮＡでは、格納庫でパイロット同士が雑談するのを「ハンガートーク」と呼び、有益な情報を交換する機会として重要視していると聞きます。かつて、喫煙者が多かった時代には、喫煙所に集まった社員が、その場で雑談をして社内の情報をアンオフィシャルに共有していたそうです。

リモートワークの導入が職場で進むと雑談をする機会が減るので、コミュニケーションが希薄化したり、情報共有が難しくなります。その打開策として、チャットを業務用と雑談用に分けて運用するという事例もあります。

また、雑談をする場としておすすめはオンラインランチ会の開催です。コロナ禍中にオンライン飲み会に参加して、意外と楽しめたという方は多いでしょう。それと同じ要領で、昼休みにテレビ会議システムでつなげて、雑談をしながら昼食をとるのです。毎日となるとそれを重荷に感じる人もいるでしょうから、1カ月のうちに数日、もしくは、週に1回程度の開催にして、かつ自由参加制にしておきましょう。

ランチを食べながら他愛もない話をすることで、気持ちの上でつながりを感じることができます。そのことはチームメンバーであることの意識づけにもつながります。

ときにはリアルに会う機会を作る

大阪の和食専門店「居酒屋鮮道こんび」では、以前に勤務していたスタッフが別の地方に転居したことをきっかけに、店の販促業務を一手に引き受けるテレワーカーとして活躍しています。そのスタッフのおかげで、タイムリーな販促活動が行なえるので、コロナ禍の中でも、業績を早期に回復させることができました。

「こんび」では、コロナ禍が始まったのとほぼ同時に、ユーチューブでの動画配信などWebサービスをフル活用して顧客との関係性を保ちつづけました。その立役者がテレワークスタッフだったのです。

女将の池田真心さんいわく、**テレワークで働くスタッフをマネジメントする際に最も気をつけていることは、現場との温度差を極力なくすこと**だとのこと。店舗の情報を共有するため、スタッフが参加するLINEグループにテレワークメンバーにも入ってもらっています。また、テレワークメンバーが地元の大阪に帰省するタイミングに合わせて、店舗メンバーと一緒に食事会を開催しています。

そうやって、**皆とかかわる機会を作ることで、離れて仕事をしていても、チームメンバーであると自覚を持つことができている**のです。

飲食店などを含む店舗を運営する業種では、テレワークの導入は無理と考えるのが一般的ですが、依頼する仕事の内容を絞ることでテレワークを活用することは可能です。人口減少社会の中で、これから先も長期的には人手不足の状況が続くと予測されています。「人員を十分に確保できないせいで手が回らない」と悩んでいる経営者、リーダーは多くいます。テレワークで働くスタッフをチームに加えることで、抱えている悩みを解決することが可能となります。

POINT

テレワークでもチームメンバーでいることを意識させるために

1 チームであることを意識づけるため、目的・目標を伝えつづける
2 テレワークでも雑談がしやすい環境を作る
3 テレワークをしているメンバーとリアルな現場との温度差をなくす

第 2 章

リモートで現場のすべてを把握する

01

一度も現場に行かずに成果を上げる

私は16年以上にわたり、経営コンサルティングのビジネスをリモートで展開しています。コンサルタントの中には現場主義の方もいて、自分がクライアント企業の職場に入り、スタッフと一緒に汗を流して指導を行なう人もいます。一方、私はコンサルティングを行なうために、現場に足を運ぶことは一切しません。

創業当初から、コンサルティング契約を継続いただいている、あるクライアントさまの現場を訪れたのは、プライベートで近くのエリアに立ち寄った際にお邪魔した1回だけです。それ以外にも、10年以上ご指導させていただいているクライアントさまも複数ありますが、コンサルティングを行なうために訪問したことは一度もありません。

「なんて不親切なコンサルタントなのだろう」と思われた方もいらっしゃるかもしれませんが、私が現場を訪問しないのには理由があります。

まずは、**現場に数時間いるだけでは、見えるものには限りがあります。**また、外部のコンサルタントがチェックに来るとなると、現場は身がまえますし、場をつくろったあとの**よそ行きの状態しか見ることができないというケースが大半だからです。**

かつて、私が勤めていたアパレル専門店チェーンでは、年に数回、社長や役員など会社の上層部の人たちが一団となって店舗を巡回するという行事がありました。

その際は、1週間前から、直属の上司（エリアマネージャー）は、社長によいところを見せようとして、担当店をくまなく回り、ディスプレイや店舗レイアウト、5S（整理・整頓・清掃・清潔・躾）のチェックを綿密に行ないます。店長も同じように、社長一行が来る前日は遅くまで残業をして、店舗の隅々まで美しく磨き上げます。

当日はその一団に同行しているエリアマネージャーから、到着時間を知らせるため逐一電話連絡が入り、社長たちの来店を万全の状態で待ちかまえます。とにかく、社長によいところを見せようということだけに集中するので、通常の営業どころではなくなります。
そして、社長は各店の普段の姿ではなく、きれいに整った店頭を見て、ご満悦で店を出て行くことになるわけです。今考えれば、「なんと無意味なことを全社で全力をあげてやっていたのだろうか……」と恥ずかしくなります。

このように、少しの時間だけ現場を訪問したとしても、何1つ必要な情報は手に入らず、現状把握はできないというのが実際のところです。

一方、コンビニエンスストア最大手のセブン-イレブン・ジャパンの創業者である鈴木敏文氏は経営者時代に、一度も店舗へ視察に行くことはなかったと聞きます。その代わり、**各店舗の毎日のPOSデータや各エリアの担当者からの報告書にすべて目を通し、全国1万店を超える店舗の状況を把握していた**そうです。
また、自分の考えていることを伝えるために、エリア担当のスーパーバイザー以上の役職者を東京本部に毎週集めて、**ダイレクトにメッセージを伝えることを何年もや**

りつづけていました。

言わずと知れたことですが、鈴木氏が率いていた頃のセブンイレブンは、他社の追随を許さず、ダントツの業界ナンバーワン企業でした。わざわざ現場に出向かなくても、必要な情報を手に入れて、内容を把握し、ダイレクトなコミュニケーションを行なうことで成果を上げつづけていたわけです。

今、私は神戸の事務所にいて、クライアント企業の経営者と電話やテレビ会議システムを利用して、リモート・コンサルティングを行なっています。

相談内容は、「人材育成の進め方」「人材マネジメントのやり方」「新規人材の採用のシステム構築」「売上づくりのサポート」「ＳＮＳやＬＩＮＥを活用した販促法」など多岐にわたります。

あるクライアントさまでは、スタッフと経営者の関係が悪くなりマネジメントに行き詰まり、大手コンサルティングファームに依頼して状況の改善を試みたのですが、現場に派遣されたコンサルタントによって、状況がより悪化してしまいました。そのコンサルタントは定期的に現場を訪れてコンサルティングを行なっていたそうです。

そのあと、にっちもさっちもいかなくなり、私にコンサルティングを依頼されました。数カ月、リモート・コンサルティングを実施する中でお伝えしたことを経営者のご夫妻が一生懸命に実践され、現場を改善していったことで、スタッフとの人間関係が改善し、そのあとは人の問題で大きな悩みを抱えることはなくなりました。もちろん業績も好調です。

私がリモート・コンサルティングで行なっていることは主に次の3つです。

①現状把握
②情報提供
③3つのきく

この3つを行なうことで、離れていても、現場に行かなくても、成果を上げることは十分可能です。

また、この**リモート・コンサルティングの手法は、テレワークを行なう部下へのリモート・マネジメントにそのまま応用できます。**

「①現状把握」は、クライアントさまから業績の数字を教えていただいたり、場合によっては、現場の写真、販促物、ホームページなどの情報を提供していただくことで、現場に行かなくてもたいていのことは把握できます。同様に、**部下から詳細な報告を受けることで現状把握は可能**です。

「②情報提供」については、私はクライアントさまへ、経営情報誌の発送やメールマガジンの配信、動画などを利用して、最新の人材マネジメントのノウハウを紹介したり、優良企業の成功事例などをお伝えしています。

これを現場の部下へのマネジメントに置き換えれば、たとえば社内用のメールマガジンを発行したり、LINEグループを作って、そこで、**自分の考えていることや参**

考になる情報を発信していくことになります。私のクライアントさまには、毎週、それらのWebツールを活用して、社長がメッセージをダイレクトに伝えている方が多くいます。

「③3つのきく」については、そのまま部下へのリモート・マネジメントのキモとなるので、このあとのページで詳しくご紹介していきます。

POINT

リモートですべてを把握するために

1 短時間現場に立ち寄るだけでは、正確な現状把握はできない
2 リモート・コンサルティングの手法を応用する
3 リモート・マネジメントでは「3つのきく」がキモとなる

02

心境を把握する〝聴く〟技術

前のコーナーで、リモート・マネジメントを行なううえで「3つのきく」が大切であることをお伝えしました。その中で、最重要の「きく」は〝聴く〟です。

マネジメントが機能しない大きな原因の1つは、人間関係がうまく築けていないことにあります。良好な人間関係が築けていなければ、部下は本音を話してはくれません。部下の本音がわからなければ、マネジメントをうまく機能させることはできません。

では、人間関係をよくするにはどうすればよいのでしょうか？

それは、相手の話をしっかり聴くことが一番の近道です。テレワークの場合、部下

との会話は指示や事務的な連絡だけになりがちです。部下が悩みを相談したいと思って話しかけたくても、すぐに話す（相談する）ことはできません。

話すきっかけが見つからないままでいると、いつしか部下はコミュニケーションをとることをあきらめてしまいます。そうなると、互いの心の距離も離れてしまい、人間関係が崩れていきます。逆に、スタッフの話に耳を傾けて、じっくりと〝聴く時間〟を作ることができれば、彼、彼女たちは「自分は大切にされている」「重要な存在であると認められている」と実感でき、自己肯定感も高まります。

ではここで、テレワークで働く部下の話をしっかり〝聴く〟方法をご紹介します。

オーバーリアクションでうなずく

テレワークで働く部下とのコミュニケーションはパソコンやタブレット、スマホなどのモニター越しで行なうので、どうしても、相手の表情が読み取りづらくなりがちです。

また、上半身、場合によっては首から上しか映っていないので、対面で話すときであれば、相手の態度から伝わる微妙な空気感はわかりません。

ですので、話を聴いている相手が無表情、無反応に見えてしまうと、「自分の話に興味がないのかな？」「不機嫌になってしまったのでは……」と感じて不安になります。

聴いている側としては、直接対面で話をするときよりも、表情は豊かに、身振り手振りなどを加えて、うなずくときは首を縦に振るなどして、**少しだけオーバーリアクションで受け応えすることを意識しましょう。**テレビ会議システムであれば、自撮りされた画像も画面の中に映し出されている場合が多いので、それを見て、相手からどう見えているのかを確認してください。

上司がちゃんと聞いてくれていると感じれば、安心して話せるので徐々に心を開いてくれるようになります。

「ながら聞き」はしない

今から20年ほど前に、コーチングのスキルを学ぶ通信制の学校に通っていて、その際に、話の聴き方を学びました。そこで教わったのは、「ながら聞きはしない」ということです。**人の話を聴くときは、顔と体をその人に向けて全身で聴く。**そして、**何か別のことをしていたとしても、その手をいったん止めて、聴くことに集中する**ということです。そこで学んだことを今でも忠実に守っています。私はセミナーや研修会で登壇するとき以外は自分の部屋で仕事をしています。コンサルティングは電話やテレビ会議システムで行ないますし、来客もほぼありませんので基本的に1人で仕事をしています。ですので、子どもたちが何か話をしたいと思ったら部屋に入って来ます。子どもたちが話しはじめたら、よほど急ぎの仕事を抱えているとき以外は、仕事をしている手を止めて体ごと子どものほうを向いて話を聴くことに集中します。これは妻の話を聴くときも同じです。

人の脳はデュアルタスクができない構造になっているようで、本来、何か別のことをしながら人の話を聴くことはできないのです。「ながら聞き」をしているということは、実際には2つのことを同時にしているのではなく、仕事をしているときは仕事をしていることに脳を使い、聴くときには聴くことに脳を使っているだけのことなのです。脳の中でそれぞれのタスクをこなすために高速でスイッチを切り替えているにすぎません。とても効率が悪いことをしているのです。

そうであれば、**話を聴くときはそれに集中し、仕事をするときは仕事をすることだけに集中したほうが、圧倒的にパフォーマンスが高くなります。**

また、話を聴かれているほうとしても、相手がパソコンのモニターに顔を向けていたとしたら、ちゃんと聴かれたという気持ちになりません。子どもたちの話を聴いたとしても、たかだか数分程度です。それくらいの時間であれば、仕事の手を止めたとしても大勢に影響は出ないはずです。数分間、手を休めずに業務を進めることで得ることよりも、子どもたちの話をしっかり聴いて得るもののほうが大きいと思っています。それにより、家族の中での関係性がよりよいものになっていくからです。これは相手が部下であっても同じです。

ただ、締め切り間際の仕事を抱えていて、「どうしても、今は話が聴けない」という場合は、無理に手を止める必要はありません。その場合は、「○時になったら手が空くので、その時間に話を聴く」と伝えれば納得してくれます。

私には2人の子どもがいます。1人はすでに社会人として独立しています。手前みそではありますが、どちらも「反抗期」の時期に困ったという経験はありません。誤解がないようにお伝えしておくと、親の言うことをすべて聞いて育ったお利口さんの類ではありません。

反抗期は、10代の脳（前頭葉）が未成熟であることと、感情的行動にかかわりのある扁桃体も同様に未成熟であることで、ヒステリックになることが原因だとする説があります。それに加えて、親が子どもの話をしっかり聴く姿勢ができていないから、反抗的な態度をとると私は捉えています。

あくまでも、私と私の周りにいる友人たちの話ではありますが、親が子どもの話をしっかり聴いている家庭では、反抗期はそれほど大きな問題にはなっていません。一方、仕事がいつも忙しくて、出張も多く、家にいて子どもと話をする機会が少ないという人の家庭では、反抗期の子どもに手を焼いているというケースが多く見られます。私の子どもたちに、なぜ親にたてつくようなことをしなかったのかと尋ねると、「自分の話をいつでも聴いてくれていたから、反抗する理由がなかった」という答えが返ってきました。

そうやって、私が話をしっかり聴くことを続けているので、子どもたちは学校であったことをいろいろと話してくれました。すべてではないでしょうが、周りにいる親よりも、多くの情報を知ることができていたはずです。

職場であれば、経営者や上司が常に話を聴くスタンスでいれば、部下から入る情報量は確実に増えていきます。本音も話してくれるようになるので、彼、彼女たちの真の姿を把握することができるようになれます。

相手の話を奪わない

頭の回転が速く、仕事をこなすスピードが速い上司は、部下の話が回りくどかったり、モゴモゴ話をしているのが続くと、「結論を言え！」と言って叱責しがちです。また、自分の考えと違う意見を言ったとたん、「それは間違っている」と否定します。そして、自分の考えや思いついたことを、部下の話にかぶせてきて、話を横から奪い取ってしまいます。

上司としては、それでスッキリしますが、話の途中で横から入って来られた部下の気持ちのモヤモヤ感はいつまでも消えません。

相手の話は句読点の「。」まで聴くことを厳守しましょう。部下にとって区切りのよいところまで話し終わったと思えば、そこからがあなたが話をする時間です。「会話はキャッチボール」といわれますが、まさにその通りで、相手から投げられた球（言葉）をちゃんと受け止めて、それを投げ返すことにより成立するものと覚えておきましょう。

しっかり部下の話を聴いていけば、部下との人間関係が良好になります。そうすれば、部下はあなたに対して心を開いてくるようになります。

POINT

部下の真意を知るために

1 モニター越しに自分の姿をチェックしながら聴く
2 全身で聴く姿勢でいると部下が本音で話すようになる
3 部下の話は最後まで聴く

03

現状を把握する〝訊く〟技術

リモートでマネジメントを行なう中で、問題が発生したときの大きな悩みの1つは、現状把握が難しいことです。

現場で部下と顔をじかに合わせてやりとりをすると、それほど時間をかけずに状況を把握でき、適切な指示を出すことができます。問題の解決もスピーディーに行なえるでしょう。

一方、テレワーク中のスタッフから、問題発生の知らせが入ったときは、メールやチャットでそれに受け応えしていても、なかなか状況がつかめません。

そういうときは、早めに電話やテレビ会議システムで話をしましょう。面倒かもしれませんが直接対話することで、細かなニュアンスが伝わるので、テキスト（文字）ベースでのやりとりよりも状況把握がしやすくなります。

部下から現状把握を行なうために、必要な情報を訊きだすには、適切な「質問」を投げかけることが大切です。

質問には大きく2つの種類があります。**「広げる質問」**と**「絞る質問」**です。

「広げる質問」のフレーズは英語の5W1Hを使って作ります。

What……何があればできますか？
Who……誰が担当者ですか？
Where……どこで見かけましたか？
When……いつ戻ってきますか？
Why……なぜ、そうなるのでしょう？
How……どのように解決しますか？

「絞る質問」は、Yes／Noで答えることができる質問です。

「これが原因ですか？」と質問されれば、答えは「はいそうです」、もしくは「いいえ違います」となります。「絞る質問」は複数ある選択肢の中から1つに絞るときにも活用できます。

たとえば「AとB、どちらがより疑わしいですか？」とか「CとDとEの中で一番効果があるのはどれですか？」と投げかければ、複数ある選択肢から1つに絞ることができます。

また、**状況に合わせて使える質問のフレーズをいくつかストックしておくと便利です。**

私がリモート・コンサルティングで、クライアントさまの現状を把握するために利用する質問フレーズの1つに、「今気がかりになっていることをすべて教えてください」があります。その質問の答えを聞いたあと、「ほかには何がありますか？」と続けて質問すれば、「さっき答えたこと以外のことを答えよう」と思い、頭の中で検索機能が起動しはじめます。**相手から答えが出尽くすまで質問を繰り返せば、多くの情報を**

聞き出すことができます。

ほかに、現状把握を行なううえで有効な質問フレーズには「もう少し詳しく聞かせてください」「これまでにどんなことに取り組みましたか？」「昨年と比較してどんな〝差〟がありますか？」などがあります。

質問をする際は、目的を持つことも大切です。目的に合わせた質問フレーズをいくつかご紹介しておきますので、覚えておきましょう。

〈目的〉締め切りを守らせる

締め切りに遅れることが多いタイプの部下に、ダイレクトに「月末までに提出できますか？」と尋ねても、多くの場合は「Ｙｅｓ」としか答えません。

期限が守れないタイプの中には、なんやかんやと理由をつけたり、ほかのことを始めるなどして、なかなか業務に取りかかろうとしない人がいます。その仕事をすること自体にモチベーションが上がらなかったり、苦手な業務であったりすると、たちまち行動が停滞してしまいます。子どもがテスト前になると、いきなり部屋の片づけを始めるのと同じです。このタイプに有効なのは、**スタートすること（行動）をうながす質問です。**

〈効果的な質問①〉

業務を始めるにあたって障害になっていることはなんですか？

行動が止まっているのには必ず原因があります。その原因を明確にする質問です。答えを聴いたあとは、「どうすれば障害を乗り越えられますか？」、もしくは「どうすれば回避できますか？」とさらに質問をして、障害を取り除き、行動しやすい状態にするアイデアを考えてもらいましょう。

〈効果的な質問②〉

いつから始めますか？

本人からすれば「できれば、やりたくない」と思っている仕事なので、ついつい先送りにしがちです。しかしながら、いずれは完了させなければならないわけですから、行動を始める日時を具体的に自分で決めてもらいます。**上司から指示されるのではなく、自分で決めさせるのがポイントです。**

〈目的〉進捗を把握する

根掘り葉掘り細かく状況を聞き出すと、部下としては〝管理〟されていると感じて、モチベーションを下げかねません。

〈効果的な質問①〉

今何パーセント完了していますか？

達成率を訊くことで、**進捗度合を把握**できますし、**部下自身にも現状を客観的に確認させることができます。**そのあとは、期限と達成率のバランスを考慮して、どう進めていくのかについて話してもらいましょう。業務を進めていく途中で、いったん止まって、状況を把握することで、期限内に業務を完了させることが容易にできるようになります。
その際、サポートが必要そうだなと感じれば、続けて次のように質問してみましょう。

〈効果的な質問②〉
何か手伝うことはありますか？

テレワークで仕事をしていると、1人でなんでもこなさなければならないと思ってしまい、スケジュール通り進んでいなかったり、何か問題が起こり、困っていたとしても、SOSのサインを出すことを躊躇してしまいます。そういうときに、**上司から手を差しのべる機会を作ると、心が軽くなり、サポート依頼をしやすくなります。**

質問したら沈黙に耐える

質問を投げかけたときに、相手が沈黙する場合があります。そんなとき質問したほうとしては「何か悪いことを訊いたのかな？」「質問の仕方が間違っていたのかな？」などと考えてしまいがちです。そして、沈黙に耐えられなくなり、自分から話を切り出してしまいますが、それはNGです。

沈黙しているのは相手が熟考している時間と捉え、しばらく待ちましょう。真剣に考えるとき、多くの人は自分の頭の中で自問自答をしています。横やりが入ると考えをまとめられなくなってしまいます。

POINT

現状は適切な質問を投げかけて〝訊き〟出そう

1 現状はメールやチャットではなく直接対話で訊きだす
2 効果的に使える質問フレーズを覚えよう
3 質問は目的を持って投げかける

04 結果を変える〝効く〟技術

職場で毎日顔を合わせている場合、上司が部下の顔色を見て、「なんとなくいつもと違うな」と感じれば、「どうしたの？」と声をかけられるので、部下はそれに応じて悩みを打ち明けることができます。でも、テレワークではそういう機会が激減してしまいます。

ですので、業務を進めていく中でわからないことがあったり、つまずいたことがあった場合は、早めに相談したり、質問するように、と伝えましょう。ただ、上司が「いつでも相談してもいいよ」と告げたとしても、部下としては、こんなことくらいでいちいち上司の手を止めるのは気が引けると思い、意外と相談してこない場合が多いのです。

そういうときは、1日のうちにどこか時間帯を決めて、「本日の質問・相談〝歓迎〟タイムは午後3〜4時です」などと職場のメンバーに対してメールやチャットで伝えて、**気兼ねなく相談や質問ができる環境を作ること**をおすすめします。

上司が〝人間グーグル〟になってはいけない

部下から質問を受けたときのポイントは、〝人間グーグル〟にならないことです。「○○はどうすればよいですか？」と質問されたとして、それを即答してしまうと、わからないことがあれば、上司に聞けばすぐに答えがわかると思ってしまいます。そうなると、まるでスマートフォンやスマートスピーカーに「OK グーグル！」とか「Hey! Siri」と話しかけて質問すれば、AIアシスタント機能が答えてくれるように、なんでもかんでも尋ねてくることになります。これでは部下の成長は望めませんし、あなた自身の手がその都度止まるので自分の業務が進められなくなってしまいます。

たとえば、新人スタッフからの質問内容が研修で教えたことだったとしたら、すぐに答えるのではなく、研修のテキストや作業マニュアルを確認させて、自分で答えを見つけるようにうながしましょう。

テレワークでは、常に上司がそばにいないので、必要なときに質問ができません。ですので、**自分で考えるクセをつけさせることがとても大切です。**

アドバイスをするときの注意点

部下から相談を受けたときに応える際は、前項でお伝えした、「聴く」と「訊く」を意識することが不可欠です。それに加えて、効果的にアドバイスをする方法をお伝えします。

まずは、相談事項について聴いていく中で、**「上司に何を望んでいるのか？」「どうしてほしいのか？」などのニーズを聴きだすことから始めます。**

実は、この部分がとても大切なのです。部下のニーズとずれたことをしても、根本的な問題の解決には至りません。

相談してくる部下の中には、〝話を聴いてほしいだけ〟という人もいます。それなのに、話を聴きもせず、「こうしろ、ああしろ」とアドバイスという名の指示をバンバン言われたとしたら、ストレスを感じて逆効果です。その後、あなたに相談しようとは思わなくなります。

私はコンサルティングの中でアドバイスをする際は、必ずその必要性の有無を尋ねるようにしています。そして、「Ｙｅｓ」と答えた人にだけアドバイスを行ないます。

コンサルタントとして起業したての頃は、相談者に対して、とにかく知っている情報やノウハウをできるだけたくさん伝えていくと喜んでもらえるのだと勘違いしていました。そういうスタイルでコンサルティングを行なっていたので、すぐに契約が打ち切られ、顧客数がまったく増えませんでした。

このときの私が犯したもう1つのあやまちは、ラポールを築く前にアドバイスをしていたことです。ラポールとは信頼関係のことです。信頼関係が築かれていない相手から、アドバイスをされても、「何を偉そうなことを言って！」とか「何さまのつもりなんだ！」と思われてしまうのがオチです。新任マネージャーや2代目社長が部下から総スカンを食らうことが多いのは、十分にラポールが築けていないのに、持論を展開してしまうからなのです。

アドバイスをしても受け入れられなければ、相手の心には残りませんので、役立つことはありません。行なうべきことは、**アドバイスをする前に、あなたのことを受け入れてもらえるようにラポールを築くことです。**

アドバイスは手短に

相談してきた部下のニーズを訊き、「アドバイスがほしい」となった場合でも、長々と自分の昔話を織り交ぜた武勇伝を語るのは避けましょう。**アドバイスは手短にシンプルに伝えるべきです。**

なぜなら、あなたが行なうアドバイスは、自分がうまくいった方法や、ほかの誰かが成功したエピソードである場合が大半だからです。そこで伝えたことを部下が鵜呑みにして、そのまま実行したとしても同じようにうまくいくかどうかはわかりません。あなたと部下とは、タイプも性格も、得意なことも異なるからです。また、世の中の変化のスピードが速いので、成功モデルがすぐに陳腐化してしまうのも理由です。10年前の必勝パターンが今も通用するケースはまれです。**アドバイスの伝え方としては「参考情報として聞いてほしい」と前置きをしてから話す**ようにしましょう。

POINT

効果的にアドバイスするために

1 質問されたら即答せずに自分で考えるようにうながす
2 アドバイスする前に相手のニーズを訊き出す
3 すべてはラポールを築いてから行なうべし

05 本当に怖い〝リモート・ハラスメント〟

テレワークで部下とのコミュニケーションツールは、メールやチャットで行なうのがメインとなります。

その際、文章の書き方次第ではキツイ感じで伝わってしまう可能性があります。当然ですが、テキストベースでのやりとりなので、細かなニュアンスは伝わりません。こちらはそう思ってはいないけれど、強い口調で伝えている感じに捉えられてしまうと、パワハラ（パワー・ハラスメント）だと指摘されかねません。

テレワークでのパワハラやセクハラのことは「リモート・ハラスメント（リモハラ）」と呼ばれますが、上司、経営者が気をつけていないとほんの些細なことが火種となり、大きな問題へと発展してしまいます。職場における「いじめ、嫌がらせ」が原因での個別労働紛争が急増していることを受け、2020年にパワハラ防止法が施行されました（中小企業は2022年）。パワハラを中心に各種ハラスメントへの関心はますます高まることになっていくことでしょう。

テレワークはリモハラを誘発しやすい

リアルな職場で対面して部下に苦言を伝えるときは、周りにいるほかの部下の手前、昭和の時代の上司のように、頭ごなしにどなりつけるようなことをするケースは少なくなりました。一方、テレワークとなると、部下に苦言を伝える場合は1対1でやりとりすることになるので、周りの目が気になりません。そうなると今までとは異なり、ついつい語気が強くなったり、感情に流されて、相手を卑下するような言葉を使ってしまう人も出てきます。リモート・マネジメントを行なう際は、**今までよりもハラスメントを誘発しやすい環境になっていると理解しておきましょう。**

第1章でご紹介したように、テレビ会議システムの中で、上司がパワハラ的な言動をとっていても、画面のサイズやボリュームを最小にすればやりすごせますが、それが、毎日のように続くと、やはり精神的にダメージを受けることになります。また、**メールやチャットで送られてきたメッセージは、画面上から削除はできても、頭の中に残像として存在しつづけます。**

また、**メールやチャットは消せない証拠となります。**

対面でのやりとりであれば「言った、言わない」の水かけ論となり、パワハラと指摘されても、決定的な証拠がないケースもあります。しかしながら、リモハラではコミュニケーションツールでのやりとりはすべて記録されています。テレビ会議システムなら、部下が自分のパソコンや端末にそのときの様子を録画している場合もあります。これが、動かぬ証拠となります。

リモハラと指摘されやすい訊き方

「なんでうまくできないんだ！」「どうしてミスしたんだ！」という詰問調のフレーズは、責められていると感じやすいのでNGです。**英語の疑問詞の「Why」が文頭に来る疑問形を使って部下に「訊く」ことはパワハラと指摘されかねない**ので慎重に使いましょう。

厚生労働省のホームページ上で、職場におけるパワハラについて、次の6つの類型を典型的な例として紹介しています。

- **身体的な攻撃型**
- **精神的な攻撃型**
- **人間関係からの切り離し型**
- **過大な要求型**
- **過小な要求型**

・個の侵害型

その中で、特に、リモート・ハラスメントでは、以下の類型パワハラが指摘されがちです。

「精神的な攻撃型」パワハラ

文字通り、暴言や侮辱により部下が精神的に攻撃を受けたと感じた場合に当てはまります。「お前はミスばかりしてバカじゃないのか?」とか、「いつも営業成績が悪いよな! 人間のクズだね!」という具合に、無能扱いしたり、人格否定をした文章をメールやチャットで送信すれば「精神的な攻撃型」パワハラと指摘されます。

パワハラと指摘されないためには、「怒る」と「叱る」は別物と理解することが大切です。

「怒る」とは相手の言動に対して腹を立て、そのときに湧き上がってきたネガティブな感情により溜まったストレスを発散するために行なう行為です。怒る側の心のベクトルはすべて自分に向けられているので、怒られた部下は、理不尽さを感じ、腹が立ち、心にわだかまりが残ります。

一方、「叱る」は100パーセント、心のベクトルは相手に向いて行なわれる行為であり、その目的は指導、教育、気づきを与えることです。**叱るときの基準は、叱る側の個人的なものではなく、企業理念、行動規範を基準とすれば、どうして叱られたのか、その理由がわかるので納得できます。**

もちろん、経営者や上司が行なうべきは「叱る」です。「叱る」のスタンスで苦言を伝えられた場合は、「自分のためを思って言ってくれたのだ」ということが伝わるので、パワハラだとは指摘されません。

しかしながら、上司、経営者も人間ですので、部下に対して腹を立てることもあるでしょう。だからといって、部下から届いたメッセージを見て、反射的に怒りをあらわにするようなコメントを返信してはいけません。

人の怒りは6〜8秒程度で収まります。そのあと20〜40秒程度たてばある程度、冷静さを取り戻すことができます。精神科医の樺沢紫苑氏の著書『精神科医が教えるストレスフリー超大全』（ダイヤモンド社）によると、それは、怒りのもととなる体内のアドレナリンの分泌が約6秒でピークに達し、その後、40秒程度たてば半減するからとのことです。

冷静になってから返信するように心がけましょう。そのとき、返信文を読んだ相手が、どういう気持ちになるのかを、相手の立場に立って何度か読み返したうえで、必要であれば修正、加筆してから送るようにしてください。

「人間関係からの切り離し型」パワハラ

もともと職場での「いじめ」があり、それがテレワークをする中で、たとえば、LINEグループに、いじめの対象になっている人だけを加えなかったり、オンライン飲み会を職場で開催しているのに、特定の人だけ誘わないでいるとなれば、「人間関係からの切り離し型」パワハラと指摘されます。

「過大な要求型」パワハラ

終業間際など遅い時間に過大な量の仕事を毎回メールで指示を出してくる。きつすぎる営業ノルマを突きつけるなどについては、「過大な要求型」パワハラとして指摘されます。上司としては、「これくらいの仕事量はやって当然」と思い、ハラスメントという気がなくても、**相手が不快に感じた時点で、パワハラとされることがあるので注意しましょう。**

「個の侵害型」パワハラ

テレワーク中の部下の画面上に映り込んだ、部屋のインテリアなどについて、「素敵な部屋だね〜、そこに映っているの何？　ちょっと見せてくれる……」などといった、一見他愛もないような雑談であったとしても、部下がそれによって、不快感を抱けば、「個の侵害型」パワハラだと捉えられてしまいます。**業務と直接関係のない私的なことに軽い気持ちで立ち入ることは避けましょう。**

パワハラと指摘されない部下との良好な関係作り

ちょっときつく言っただけでも、「パワハラだ！」と言われかねないので、「必要なときに必要なことをキチンと言えない」と悩んでいる経営者、上司はたくさんいます。でも、言うべきことは言わなければいけませんし、必要であれば叱責することも、ときには必要です。そうしないと、現場は無法地帯と化し、マネジメントが効かなくなり、スムーズな組織運営ができなくなります。

パワハラの問題が起こる職場では、経営者、上司と部下の人間関係は、往々にしてうまくいっていません。普段あまり会話をしない上司から、いきなりキツイ言葉で叱責されたらいい気はしませんし、場合によってはパワハラと指摘されてしまいます。

一方、普段から人間関係がきちんと築かれている上司から叱られた場合は、一時的には落ち込むでしょうが、そのあとで叱られた理由などを考えれば納得し、反省することになります。パワハラされたと思うようなこともないでしょう。必要なのは、**普**

段から良好な人間関係を築いていくことです。

リモート・パワハラ以外にも、セクハラやマタハラなど、対面で発生していた、そのほかのハラスメントにも注意が必要です。

たとえば、異性の若手社員とLINEでやりとりをしていたところ、「今日はありがとうございました。明日もよろしくお願いします♥」などと、ハートマークがついたメッセージが届いたりしたら……、舞い上がり、「自分に好意を抱いているのでは？」と勘違いしてしまいます。

その返信メッセージで、一緒に食事に行くことを強要したり、プライベートで個別メッセージを執拗に送信したりすると、セクハラだと指摘されてしまいます。相手も自分に好意を抱いていると思っていたので、激変ぶりに困惑することになります。

まず、気をつけなければならないのは、「人の気持ちは一瞬で変わる」ということ。

そして、**相手が「イヤだな」と感じれば、セクハラになる**ということです。人の気持ちは見えにくいものです。確証がない段階で軽はずみな言動をとったり、男女の関係を求めたりするのはNGです。
また、残念な話ですが、異性として魅力的に見える部下が、10歳以上も年齢が上の経営者や上司に恋愛感情を抱くケースは、ドラマや小説の中でのみ起こることで、現実には限りなくゼロに近いということも忘れてはいけません。

POINT

テレワークでリモハラをゼロにするために

1 リモート環境は周りの目が気にならずハラスメントが起きやすいと認識する
2 パワハラと指摘されないために良好な人間関係を築く
3 異性からのメッセージを〝勘違い〟してセクハラにならないように注意する

第 3 章

リモートでまかせるためのテクニック

01 リモートでまかせるための第一歩

ここ10年以上にわたり、人手不足の状況が続いていた中で、管理職は単に部下の仕事の進捗を見守り、文字通り管理しているだけでは済まなくなりました。なぜなら、それまでの管理する役割に加えて、現場の第一線で自分自身に課せられたノルマをこなす「プレイングマネージャー」という立場になったからです。また、働き方改革の号令の下で、部下が仕事に携わることができる時間が大幅に削られてしまいました。結果として多くの企業で管理職にそのしわ寄せがきています。

本来であれば自分の業務をできるだけ部下に振っていき、少しでもフットワーク軽く動き回れる状態になることが必要なはずです。しかしながら、多くの管理職はその逆で、抱えている業務がドンドン増えていくことになり、身動きが取りづらい状況になっています。なぜなら、仕事を部下にまかせることができないからです。

なぜ部下にまかせられないのか？

経営者を含め多くの管理職が、なぜ、部下に仕事をまかせることができないのか？

それは〝教える〟ことを面倒だと捉えているからです。

部下にまかせるには、業務のやり方を教えなければなりません。人に教えるには、相当なエネルギーと時間が必要です。日々の業務に追われ、個人ノルマの達成を迫られている管理職は、じっくり部下に仕事を教える時間を持つことができないというのが実際のところでしょう。新任マネージャーであればなおさらです。そうなると、いつまでたっても人が育たず、まかせることが結果的にできないという負のサイクルにおちいってしまいます。

また、**「自分でやったほうが間違いない」「自分でやったほうが早い」と考えて、部下と自分を比べてしまうこともまかせることができない原因です。**

上司は部下と比べて経験も豊富ですし、仕事については詳しく、より多くの情報を持っているはずです。そうであれば、部下よりも正確に、早く仕事を完了させることができて当然です。そもそも、部下と百戦錬磨の経験を持つ自分自身を比べるのはナンセンスです。

自分よりも実力が劣るからといって、誰にも仕事をまかせずに膨大な業務量を抱えていては、上司の本来の仕事であるマネジメントを行なうことができなくなります。

今の時代の上司は、自分に課せられたノルマを達成させることと同時に、自分が率いる組織を1つにまとめて、チームとしての目標を達成させることが求められています。そこで必要なのが、**マネジメントを行なう時間の確保です。そのためには部下に仕事をまかせることは不可欠**なのです。

かくいう私自身も恥ずかしながら仕事をまかせることができない上司（経営者）の

1人でした。
セブンイレブンのフランチャイズ店を経営していた頃、本来はパート、アルバイトスタッフに発注業務をまかせていかなければならなかったのですが、開業して数カ月の間はそれができずに、1人で約3000ものアイテムの発注を抱え込んでいました。
正確に言うと、表面上はスタッフに各商品の発注をまかせていたのですが、彼、彼女たちが一通り発注を済ませたあとで、発注数を見直し、自分の考えと異なる量が発注されていたとしたら、それを上書きしていたのです。

今から考えるとなんてバカなことをしていたのかと思います。しかし当時の私としては、必要以上に多く商品を発注して売れ残ったら、すべて廃棄処分となり大きな損失が出るため、それを恐れ、当然のように上書きしていました。

そういうことをしばらく続けていたある日、スタッフが入力した発注数に異変が現れたのです。コンビニでは、本来は1アイテムずつ、天候情報や地域の情報、そして、お客さまの動きを観察したうえで、商品の動向を予測し、各商品の発注数を決めていくのがセオリーです。ですので、各アイテムの発注数が同じ数字で並ぶことはまずありません。また、それは「一律発注」といってやってはいけないことです。

ところが、その日の発注数はすべて「10」という同じ数字が並んでいたのです。それから数日、一律発注が続きました。スタッフがじっくり考えて発注数を入力しても、そのあとでオーナーが上書きするわけですから、いくら真剣に取り組んでも意味がないと思ったのでしょう。

1週間ほどそういう状況が続いたところで、私はスタッフに頭を下げ、今後は発注数の上書きをしないでまかせ切ることを約束しました。その後、スタッフは再びしっかり考えて発注してくれるようになりました。

テレワークでは〝まかせ切る〟がスタンダードとなる

テレワークで働いている部下に仕事をまかせる際は〝まかせ切る〟ことが必須です。

なぜなら、部下が近くにおらず、仕事の進捗を常に管理することができないために、まかせた業務について、途中で口を出したり、手を加えたりすることが容易にできなくなっているからです。

そこで、これまで以上に慎重に行なうべきことは、**「誰にどの業務をまかせていくのか」を決めること**です。適性に合った業務をまかせれば、各自の生産性も上がりますし、仕事の完成度のクオリティも上がります。

部下1人1人に仕事をまかせ切るには、**それぞれの部下のことについて、しっかり理解しておくことが不可欠**です。1人1人のタイプを理解していきましょう。

NHKの連続テレビ小説『エール』の中で、主人公の恩師である藤堂先生のセリフに

「人よりほんの少し努力するのがつらくなくて、ほんの少し簡単にできることがお前の得意なものだ」

とありました。

部下がそれほど努力しなくてもできる〝得意な仕事〟を把握しておくことは、仕事をまかせる際には必須となります。

それ以外にも、性格、長所、短所、仕事観、人生観、価値観、子ども時代のことや将来のビジョンなどについても知っておけば、コミュニケーションが楽にとれるようになり、関係性も深まります。それらを理解することは、仕事をまかせるだけでなくリモート・マネジメントを行なううえで欠かせないことだと捉えておきましょう。

今から、簡単なワークをご紹介しますのでぜひ取り組んでみてください。

あなたの部下で誰でもよいので1人を選び、頭に思い浮かべてください。まずは、その部下のニックネームがわかればノートに書いてみましょう。次に得意な仕事、苦手な仕事が何なのか？　これまでに取り組んできた業務の中で一番いきいきと仕事に励んでいた業務は何であったのか？　仕事がうまくいったときにどんな言葉をかければ喜ぶのか？　これらについて、知っていることを書き出してみましょう。

ほかの部下に対しても同様にわかる項目を書き出します。もし、ほとんど書くことができないとなれば、仕事をまかせる前に部下のことを理解するところから始めてください。

POINT

仕事をまかせる準備はこう実行する！

1 まかせる際は〝まかせ切る〟を基本とする
2 誰に何をまかせるのかを慎重に決める
3 部下のことを詳しく理解すればまかせ切ることが容易になる

02 リモートでまかせる伝え方

テレワークでは、まかせた業務の進捗管理がやりづらいので、ある程度完成した段階で、その出来栄えをチェックしたら、こちらが思っていることと大きくかけ離れていたということもあります。そうなると、「何を勝手なことをしてるんだ！」と思って腹が立ちますし、締め切りが迫っているとしたら焦ります。そこから大幅な手直しを行なうとなると残業が増えますし、万一期限に間に合わなければ信用を落とし、大きな損失を生むことになってしまいます。

なぜ、まかせたことが言った通りにできないのでしょうか？

それは、**まかせることが正しく伝わっていないからです。**

一番多いのは、上司が「伝えたつもり」になっていること。部下は「わかったつもり」になっている「つもり病」にかかっているケースです。また、「これくらいはわかるだろう」「たぶんこういうことだろう」と勝手に思い込んでしまう「だろう症候群」におちいっているケースも多く見られます。

情報伝達は受け取ったことが10割

情報を伝達する際に、伝える側、受け取る側の双方が、扱う情報についてあやふやな状態を放置していることによって、「つもり病」や「だろう症候群」は引き起こります。解決策は、伝える側の意識と伝え方を変えることです。その前提として、伝達に関しては、「受け取ったことが10割」だと覚えておいてください。こちらが、いくら正しく伝えたつもりでも、相手が伝えた指示の7割程度しか受け取っていなければ、まかせた仕事はいつまでたっても完了されることはありません。

ですので、**正しく伝えること、そして、伝わるまで伝えることを意識して実行する**

ようにしましょう。

正しく伝えるには、「あいまいワード」を使うことは避けるべきです。

たとえば、「ちょっと多めに発注しておいてください」とメールで指示された場合、部下によって捉え方はさまざまです。ここでの「あいまいワード」は〝ちょっと多めに〟です。上司としては発注数の合計が1000なので、その5パーセント程度の50をイメージしていたとして、部下のほうは〝ちょっと多めに〟の〝ちょっと〟に囚われてしまい、5しか余分に発注していなかったとしたら、納品されてきた数量を見た上司は、「多めに発注しろと言ったのに、なんで言った通り発注していないんだ！」と雷を落とすことになります。部下としては、指示された通りに発注したのに、なぜ怒られるのかよくわからず、理不尽な思いを抱きます。

この場合であれば、正しい伝え方は上司の頭の中にある〝ちょっと多め〟を、数字を用いて「1050個発注してください」と伝えることです。仕事をまかせる内容を伝えるときに「あいまいワード」は使ってはいけません。

以下によく使われる「あいまいワード」をまとめておいたのでチェックしてください。もし、自分が使っていたとしたら、その言葉を具体的な表現に置き換えて伝えるようにしましょう。

〈あいまいワード（×）と正しい対応（○）〉

× 多く・少なく →○ 個数、量を決める
× 大きく・小さく →○ 長さ、サイズを明記する
× 早く・遅く →○ 時間・時刻を指定する
× 増やす・減らす →○ 容量、個数を記載する
× 明るく、暗く →○ 照度計を利用してルクスで表す
× ●●のイメージで →○ 自分のイメージに近い写真や図を見せる
× しばらくの間 →○ 必要な時間を伝える
× ざっくり言うと →○ 詳細に話す

正しく伝わる言葉を使う

まかせることを伝える際に、言葉の誤用にも注意してください。**自分が理解している意味と、部下が理解している意味が異なれば、正しく受け取ってはもらえません。**

たとえば、カタカナ英語については、なんとなくフィーリングで理解していたり、言葉の意味がわからないのでスルーしていたりすることもあるので要注意です。いずれにしても正しく伝わらなければ、まかせたことはこちらが思っているように実行されません。「これはフィックス事項だからね」と言われて、さっと理解できる部下もいれば、「フィックスって何？」となる部下もいます。フィックスとは「決定」したことを指すのですから、「これは決定事項だからね」と誰でもわかる日本語で伝えればいいわけです。

特に、ビジネス書を多読している人や、自分のスキルを磨くためセミナーなどに参加しているような向上心の高い人、ＭＢＡなどの資格ホルダーは、ビジネス用語や難しい用語を普段から見聞きしているので使ってしまいがちです。

しかし、それらの言葉の意味を理解していない部下にとっては、意味不明な言葉なので通じません。ですので指示をする際は、極力そういう言葉を使わず、平易な言葉で伝えるようにしましょう。

また、**メールやチャットの文章に使う「言葉」の意味についても正しい意味を理解したうえで使うことが大切です。**

私の場合、文章を書くときに、少しでも「この言葉の意味ってこれで正しかったのかな？」と頭によぎった場合は、面倒であっても必ず、複数のWeb辞書で調べるようにしています。仕事柄、メルマガや雑誌の連載、本に掲載する文章を書くことが多く、そこで使う言葉に誤用があれば、数千〜数万人の読者を惑わせ、ご迷惑をかけてしまうので、言葉の扱いは慎重にしています。このことは伝える相手の数に関係なく、たとえ1人の部下に伝える場合でも同じです。

ただ、正しい言葉を使わなければいけないと杓子定規に本来の意味（正しい使い方）で使うと、逆に誤って認識されてしまう場合もありますので注意してください。

たとえば、「ユニーク」という言葉は「唯一の」「独特な」「ほかに類を見ない」のように良い意味で使うのが本来の使い方ですが、「面白い」「こっけいな」という意味で使われることもしばしばあります。

するよ、部下が新しいアイデアを考えてくれた報告をメールで受け取った際、上司が「それはユニークなアイデアだね！」と返信すると、ホメたつもりが、部下にはそうは伝わらず、ボツになったと勘違いする可能性もあります。**本来の意味よりも、誤用が慣用的に使われているとしたら、どう伝わるのかを考えて慎重に使ってください。**

もしくは、別の言葉を使いましょう。

絶対に伝えたいことは「前置き」して伝える

まかせることを伝える際に、ここだけは絶対に正しく伝えなければならないという箇所については、私がセミナーや研修会で活用している方法を応用すると伝わりやすくなります。

それは、**伝えたいことの前に「今から大事なことをお伝えしますね！」とか「これ**

からお伝えする3つのことが最大のポイントです」と、前置きをしてから伝えるのです。そうすると、受講者は「重要なことなので、漏れのないようにしっかり聴かないといけない」と意識するので、正しく伝わります。メールやチャットでも、このように重要なことを伝える前に、「以下は重要事項です。」などと前置きを付け足すだけで、まかせることがしっかり伝わるようになります。

POINT

まかせたことが「できない」をゼロにするための伝え方

1 「つもり病」や「だろう症候群」を排除する
2 伝わるまで伝えることを意識する
3 相手がすぐに理解できる言葉で伝える

03 リモートでまかせたあとのフィードバック

仕事をまかせたあとは、上司からのフィードバックは欠かせません。

さて、この「フィードバック」という言葉は皆さんもよく耳にはされるし、ご自身でも使われると思いますが、「具体的に何をすればいいのか」ご存じでしょうか？

フィードバックはもともとは軍事用語で、遠隔地から大砲を打つ際に砲弾の着地点が目標に対して、どれくらい離れているのかを伝えて弾道の修正を行なうための作業のことです。これと同じように、**ビジネスにおけるフィードバックは、部下の仕事の結果を見て、あるべき状態にするために行動を修正する助言を行なうことです。**

効果的にフィードバックするコツ

効果的なフィードバックを行なうには、「批判、否定しない」「客観的な事実のみ伝える」「相手が自分でコントロールできないことは慎重に伝える」などに注意してください。

批判、否定しない

フィードバックを行なう際、上司は自分の感情的な部分はいったん脇に置くことが必要です。部下から、まかせた仕事についてミスしたことや失敗したなど残念な結果報告を聞かされると、どうしてもイライラして腹が立ちます。その際、頭ごなしに批判、否定、叱責すると心を閉ざしてしまい、そのあとのマネジメントがうまく行なえなくなります。

特に、チャットやメールでフィードバックする際は、イラ立った気持ちが文章に現れやすいので、**時間をおいて2~3回読み直して、私的な感情が含まれている箇所を別の表現に変えてから送信する**ことをおすすめします。

客観的な事実のみ伝える

コミュニケーションのとり方を教える研修を行なう際に、最も効果があるのは、受講者が話したり、聞いたりする姿をビデオ撮影し、それを自分で視聴するワークです。当然ですが、撮影したビデオには、よい面も、悪い面も事実としてそのまま録画されています。そのビデオを見ると、第三者から指摘を受けなくても、改善しなければならないウィークポイントを自分自身で見つけることができます。

フィードバックするときのイメージは、上司が言葉を使ってビデオの役割を果たすことです。**上司の感情を入れずに、事実をそのまま伝えるのであれば、耳が痛いことであっても受け止めやすくなります。**

また、**フィードバックは部下に気づきを与えて、自ら行動を修正するよううながすことが最大の目的です。**ですので、事実を伝えたうえで、どのように修正することが必要か自ら修正案を考えさせることも大事です。

その場面ではコーチング的アプローチで「何を変えればよいと思う？」などと質問

するとと効果的です。

相手が自分でコントロールできないことは慎重に伝える

「スタイルが悪い」「人相が悪い」など、部下が自分自身で修正し難いことについては、フィードバックの中に含めてはいけません。本人としてはコンプレックスに感じていることもありますし、場合によればパワハラだと言われてしまいかねません。

自分でコントロールできないことをフィードバックされても、修正することができないので意味がありません。

ただ、そういう類のことであったとしても、**上司が解決する方法を知っていれば、フィードバックすることで修正し、よい結果に結びつけることができます。**

たとえば、リモートで営業を行なう場合、商談相手はスピーカーやイヤホンを通じて営業マンの声を聞きます。対面で直接聞く声とは異なりますので、場合によれば、聞きづらい声として伝わることもあります。低すぎればモゴモゴした感じで伝わりますし、高すぎればキンキンした耳障りな声として受け取られてしまいます。どちらも、営業マンとしてはマイナスポイントです。そうであれば、本人に声の出し方を意識して変えるようにリクエストしましょう。

また、機械的に音質を変化させることができるイコライザーを使えば、聞き取りやすい声に変換することが容易にできます。パソコン用のイコライザーは無料ソフトもあるので、そういう情報をフィードバックするときにともに伝えれば、部下としては受け止めやすくなります。

フィードバックするタイミング

また、フィードバックの効果を最大限にするには、「必要だ」と感じれば、よいことであっても、ネガティブに受け取られそうなことであっても、できる限りその場ですぐ伝えることが大切です。

朝に伝えるべきことを、終業間近になって伝えたり、別の日に伝えても、ピンと来なくなってしまうので心には響きません。

このようにタイミングが重要なので、普段から気づいたらすぐにフィードバックをだせるように意識しましょう。

POINT

まかせたあとはフィードバックして部下の行動を修正する

1 上司の私的感情を除いて伝える
2 録画したビデオを見ているように客観的に伝える
3 タイミングをズラさず〝今〟この場で伝える

04 〈ケース別〉まかせたあとの問題解決の手引き

仕事を部下にまかせていく過程において、さまざまな問題やトラブルが発生することでしょう。それが原因で業務が滞ったり、大きなクレームにつながったりすることもあるので、できるだけ、小さな芽のうちに摘み取ってしまうことが大切です。ここでは、現場でよく起こりがちなケースを取り上げ、その問題の原因と解決策についてご紹介していきます。

失敗したときの対応

まかせた仕事を初めから完璧にこなすことができる人はほとんどいません。多かれ少なかれミス、失敗をします。同じ職場で机を並べながら仕事をしているのであれば、部下の仕事の進め方について、ときどき目を向けていれば、失敗しそうだなとか、何かにつまずいているようだと、なんとなく伝わってきます。そのときに声をかけて状況を確認すれば、失敗することを未然に防ぐことができます。テレワークではそういうことはできないので、ミスが起こってからしか対応することができないということになりがちです。

ミスや失敗を正直に報告した部下に対して、上司が頭ごなしに怒ったり、ネチネチとイヤミたっぷりに苦言したりすることはやるべきではありません。なぜなら、**失敗を一番悔やんでいるのは上司ではなく部下のほうだからです。**そういうことを繰り返していると、今度はミスを隠すようになってしまいます。部下としては、上司から叱責されてイヤな気持ちになりたくないので、ミスしたことを自分1人でカバーしようと思い、いろいろと手を尽くします。しかし、たいていの場合うまくいかず、ミスがどんどん重なり、取り返しのつかない状況に追い込まれてしまいます。そうなってから、報告を受けたとしたら修復するのに膨大な時間と労力がかかります。

ミスが大きな問題に発展することを防ぐため、進捗報告の日時をあらかじめ決めて、スケジュールの中に組み込むことをおすすめします。その際、安心してなんでも話ができるようにするために、ネガティブ情報の報告を受けたときには、決して感情的にはならないと決めておき自制します。

たとえば、グーグルでは、「よい知らせは次の日もあまり変わらないが、悪い知らせは日を追うごとにさらに悪くなっていくので、厳しいことであっても上司に報告することができる環境を作ることが大切」という考えのもと、安心して真実を語れる環境作りを推奨しています。

報告を受けたあとは、部下と一緒に原因究明を行ない、今後の対策を立てるところまで付き合うようにします。**原因の究明を行なう際は、犯人探しにならないように、その目的を失敗防止に絞りましょう。**

万一、ミスや問題が発生した際に躊躇することなく、上司にすぐに報告し相談できる環境を作ることで、心理的安全性が高まり、安心してまかせられた仕事に取り組むことができるようになります。

また、**失敗を織り込み済みにしてまかせることも、ときには必要です。**ミスや失敗をさせないために、その人にとってレベルの低い仕事、確実にできることがわかっている業務ばかりをまかせることになると、モチベーションは上がらなくなります。成長する過程で誰でも失敗はするものです。すぐにできてしまう仕事ばかりあてがうのではなく、**「努力すればできるはず」という、少しレベルの高い業務についてもまかせていくことが部下の成長を促進するためには欠かせません。**

私がアパレル企業に入社した当時はバブル期だったので、新規出店のラッシュでした。そういうこともあり、入社して1年未満の新人が店長として任命され、店舗に配属されることになっていました。私にも辞令が下り、新潟県で初出店となる新店をまかされました。新入社員にいきなり店長の大役をまかせるというのは無茶ぶりですが、その責務を果たそうと、全力で日々の業務に取り組んだことを記憶しています。その甲斐あって、その店は売上目標を大きく上回る成績を残すことがき、私個人としてもその後、大型店の店長に抜擢され、大きく成長することができたという経験があります。

部下に実力以上の仕事をまかせる際は、ミスや失敗は誰にでも起こり得るものと捉え、ある程度織り込み済みにしてまかせるようにします。たとえば、業務完了の締め切りについては、本当の締め切りよりも2〜3日前倒しにして余裕を持たせた日付で設定をして計画しておけば、万一、大幅な修正があったとしても、焦らず対応できます。

予定通りに進まないときの対応

まかせた業務が予定通りに進行しておらず、締め切りだけがジリジリと迫りつつあるというケースもあります。期日が目の前に迫りつつあるのに、なぜ、部下は行動しようとしないのでしょうか？

動けない原因は、何をどのように進めていけばよいのかわからないことが考えられ

ます。特に新人であれば、「やり方がわからない」という場合が多いでしょう。中堅社員であっても、今までに携わったことがない新しい業務に取り組むことについては、慎重になりますし、やり方がわからず、手をこまねいてしまうケースもあります。

そういうときの対処法としては、**業務タスクを細かく分解することが有効です。**細かく分解すれば、はじめの一歩を踏み出すことが楽に行なえます。自転車をこぎはじめる際に、最初は大きな力が必要ですが、車輪が回りだしたあとは、それほど力を加えなくても、前に進んで行くことができます。最初にかける力を小さくて済むようにすれば、動きだすまでのスピードアップが可能となります。

もし、それでも行動が止まったままという場合は、そもそも、**まかせた業務自体を理解していないことが原因と考えられます。**上司から「君にまかせたからがんばってね！」と直接告げられたときに、反射的にその場では「わかりました」と言ってしまったものの、あとから「どうやればいいのかよくわからない、どうしよう……」と不安を抱いている場合もあります。これでは、予定通りに業務を進めていくことはできません。対処法としては、まずは時間をとって、わからない所がどこなのかを明確にして教育をするところから始めましょう。

その後、まかせた仕事を完了させることができれば、その部下は1つ成長したことになり、次の機会からは、手を貸さなくとも自分で仕事をこなせるようになります。部下を教育して、スキルを高めることも上司の大切な仕事なのです。

POINT

起こりがちな〝まかせたあとの問題〟の解決法を知る

1 ミスや失敗などのネガティブ情報を報告しやすい環境を作る
2 失敗することをある程度織り込み済みにしてまかせる
3 タスクを分解すると業務に取り組みやすくなる

第 4 章

リモートで育てるためのテクニック

01

どんなときでも教育を受ける機会を奪ってはいけない

2020年、新型コロナウイルスの感染が広がった時期は、ちょうど、新年度のスタートと重なりました。ですので、新入社員を採用した企業では、入社式、そして、新入社員研修を行なう予定で、準備が進められていたことでしょう。しかしながら、多くの企業では大勢の人が一堂に会するそれらの行事は延期となってしまいました。新入社員は自宅待機という状況となり、数カ月間、一度も会社に出社できなかったという人もいると聞きます。不安な心持ちでいたことかと思います。

そんな状況下でテレワークが広がる中、始まったのがリモート新人研修です。オフィスワークが中心の職場を主として、テレビ会議システムを利用して、新入社員への教育を行なう企業が徐々に出てきました。目の前に新人がいないので、うまく仕事のやり方を教えられず、もどかしい思いをした教育担当者もいたでしょうが、各社、ある程度は研修を進めることができたと聞いています。

一方、飲食、サービス、小売業などでは、研修はＯＪＴ（オン・ザ・ジョブ・トレーニング）が中心となります。自粛期間中は店舗が休業しているということもあり、研修を進めることができない日々が続きました。

研修については、新人を対象としたものだけではなく、そのほかの階層への社員研修も、ほぼストップしました。企業内における、人材教育が停止したということです。自粛解除後は、徐々に研修が再開されていきましたが、私の研修講師仲間の話を聞くと、研修自体を取りやめてしまったというケースも多くあったようです。私自身も、大手流通企業のあるエリア全域の研修の依頼を受けていたのですが、すべてキャンセルとなりました。その企業は１年間、すべての研修を中止することになったそうです。

企業の業績が悪化した場合、社員教育費は削られる対象になりやすい経費の１つです。業績低迷の中、そこに当てるだけのキャッシュがないということもあるでしょうし、研修を受けている時間は、社員は営業に携わらないので、売り上げを作ることができないからです。研修を非生産的だと捉えている企業は、まだまだ多くあるということです。

ただ、「企業は人なり」といわれるように、**本当は、そこで働く人たちが成長しなければ、企業の成長はありません。**ですので、コロナ禍のような不測の事態を乗り越えるためには、社員教育を強化し、企業としての土台をしっかり固めて体力を増強することが必要です。だから、**社員を育てる機会をなくすことは、やってはいけないことなのです。**

また、**投資という観点で見れば、最もリターンのよい投資先は人材です。**そして、リスクが低いのも、人材への投資であるといえます。

株式や債券などの金融投資を利用して、資産を増やす必要性はここ数年よくいわれていることです。しかしながら、地球規模で感染症の被害が広がったり災害が起こったりする中、数年先どころか、場合によれば数カ月先のことも読めなくなっています。

そういう状況下において、優良な銘柄だと思っていた企業がいきなり倒産や事業縮小に追い込まれることも現実にあります。そう考えれば金融投資はハイリスクであるといえます。また、通常、投資で得た利益には課税されます。それに対して、人への投資によるリターン、つまり、人が育つことに対しては課税されることはありません。

人材教育をコストではなく、投資だと捉えると、企業戦略の中での位置づけが変わり、重要性に気づけます。

ユダヤの民の教えとして、「知恵は誰にも奪えない」という言葉があります。ユダヤ人の家庭では子どもたちへの教育にかける費用は日本の家庭の数倍だと、ユダヤ人の知人に聞いたことがあります。

なぜ、それほどまでに教育することに力を注ぐのか？

それは、**頭の中にストックされた知恵は、どんな状況下に置かれたとしても奪われることなく蓄積され、その知恵さえあれば、復活し、再生させることができるからです。**実際、長い間、迫害を受けつづけ、奴隷の地位にまで落ちた民族であるにもかかわらず、現在、世界経済の実質的な支配層にあるのはユダヤ人であることを考えれば、教育の重要性が理解できます。

このことは企業においても同じです。**どんな状況に追い込まれたとしても、人材が育っていれば、企業はもう一度立ち直ることができるのです。**ですので、どんなときでも教育を受ける機会を奪ってはいけないのです。

POINT

人の成長なくして企業の成長なし

1 不測の事態を切り抜けるため、人材教育は欠かせない
2 人材教育はコストではなく〝投資〟と捉える
3 人が育てば企業は何度でも立ち直れる

02 オンラインで人材教育を成功させる3つのポイント

集合研修が難しい状況下でも、人の教育は継続的に実施することは必要です。ビデオ会議システムを使えば、まったく同じとはいきませんが、オンライン上での集合研修を行なうことは十分可能です。

講師仲間の中には、コロナ禍中において8時間のオンライン研修を実施したという方もいました。ただ、オンラインで行なう研修で長時間の研修を実施する場合、受講生も講師もスマホやパソコンの画面を集中して見つづけることになるので、身体的（目、肩、腰）に辛くなりますし、また受験生のインターネットへの接続環境の整備など、課題となることがいくつかあります。それらを克服しないと、オンライン研修をうまく進めることはできず、継続することも困難でしょう。

コロナ禍以降、企業に勤める人の働き方が大きく変わりました。最初から100％リモートワークを前提とした働き方を望む人も増えています。そういう人材を雇用する場合、通常の勤務は自宅で行なうが、研修だけは本社で集合研修をするというのでは、ちぐはぐな印象を与えてしまいます。ですので、早急にオンラインで研修を完結できる仕組みを作ることは必須となります。

ここでは、オンラインで効果的に研修を行なう際のポイントを3つご紹介します。

❶ 飽きさせない工夫をする

研修全体の時間と1単元の講義の時間はどちらも長すぎるのはNGです。受講生は自宅で1人でスマホやパソコンの画面に向かって受講することになります。そうすると、「学ぶ」ことへの意欲がかなり高い人でないと集中力を維持できません。

ですので、**1つの講義の時間については、リアルな場で行なうときよりも短縮して実施するようにしましょう。** 45分程度が理想です。なぜなら、一部を除き、ポピュラーなプロスポーツの競技時間を見れば、人間の集中できる時間が45分程度であるとわかるからです。

たとえば、サッカーの場合は前・後半で各45分と定められていて途中で休憩を挟みます。ラグビーは40分ハーフです。

私は、息子がサッカーをしていたので、地元にあるスタジアムにJリーグの公式戦を家族でよく観戦しに行きました。そのとき、アディショナルタイムに、得点が入るケースがとても多くあったのを記憶しています。身体的にもメンタル面も一般人の何倍も鍛え上げているプロのアスリートでさえ、45分以上は集中力がもたないということです。

また、アメリカンフットボールやバスケットボールの試合は、15～20分ごとに、数分間の休憩を挟みながら試合が進められていきます。

東大とベネッセが共同で行なった中学生を対象とした実験によると、60分間続けて学習したグループと、15分に1回休憩を挟みながら、45分間の学習をした2つのグループにテストを実施した結果、後者のほうがよい成績を残したとのことです。このとき、被験者の脳波を測定したところ、前者のグループは学習を始めて40分経過したところで集中力が弱まっているのに対し、15分に1回休憩を挟んで45分間の学習を行なった後者のグループは、休憩を挟むたびに集中力が回復し、最後まで集中力が大幅に落ちることはありませんでした。

（出典：「朝日新聞デジタル」http://www.asahi.com/ad/15minutes/）

人の集中力の限界値を考慮すると15分程度に1回、気持ちを切り替えてリフレッシュし、集中力を持続させるための工夫が必要です。そこでのキーワードは「飽きさせない」です。おすすめは、そのタイミングで講義のレクチャーをいったんストップして、チャットに書き込んだり、発言するなど、体を動かす時間を設けることです。話をずっと聞いているだけでは飽きてしまいます。

テレビ会議システムのZｏｏｍを利用する場合は、小グループに分かれて、ディスカッションを行なうブレイクアウトセッションの機能を使うとよいでしょう。ただ、このときグループ編成次第では、ディスカッションが盛り上がらず、リフレッシュするどころか、逆に苦痛を感じてしまうことになりかねません。

ですので、**各グループにはファシリテーション役が担えるメンバーを配置するようにグループの編成を事前に考えておくことが肝要です。**また、1つのグループは3〜5名程度に設定します。それ以上、人数が増えてしまうと、発言しない人が出てくるので、ディスカッションの意義が薄れます。

❷ 誰でも参加できる環境を整える

オンラインで研修を行なう際は、参加者のネット接続の環境を把握することから始めましょう。研修を受講中に受講生がネットから落ちて（回線が切断されて）しまうと、研修を進めることができなくなってしまいます。

ですので、通信環境を整備することが研修実施の第一歩となります。また、個人の端末を使用する場合、4Gや5Gを利用していれば通信費用がかかります。その場合は費用を会社が負担することが必要ですし、ポケットWiFiを配布するのもよいでしょう。事前に通信テストを行ない、各自のネット環境を整えるようにしておきます。

受講者に、オンラインセミナーでよくあるような〝頭の上に手をまわしてOKサインを出してもらう〟など、オーバーなリアクションを求めすぎると、それがストレスになることもあります。ですので研修中のコミュニケーションは、チャットを基本とします。

❸ フォローをしっかり行なう

研修で教えたことが身につかないスタッフもいます。これは、オンライン／オフラインに関係ありません。そういうスタッフを極力出さないために、研修中、研修後のフォローをしっかり行ないましょう。

新人研修の場合は、歳の近い先輩社員がいればフォロー（メンター）役として個別に、研修で学んだことについてのおさらいや、理解度をチェックしていきます。

中堅社員やマネジメント層についても、それぞれの上司が、「研修で学んだことをどのように実践に活かすのか？」について訊きだす機会を持ちます。

避けたいのは、研修で「いい話を聞いた」だけで終わらせてしまうことです。そうならないためにも、研修受講後のフォローをしっかり行ない、学んだことを現場で活かせるようにしていきましょう。

テレワークの部下に対して、リモートでOJT教育を行なう際も、上司のフォローは欠かせません。一度教えたから、すぐにできるという人は、まれにしかいないことを大前提として、部下教育（研修）を進めることが必要です。

POINT

オンラインでも研修は十分に可能

1 テレワーク主体の働き方をする社員には研修もリモートで行なうべき
2 リモート研修は15分程度に1回を目安にリフレッシュする機会を設ける
3 学んだことを現場で活かせるよう研修後のフォローに力を注ぐ

03 オンライン研修の始め方

オンラインで行なう研修は、リアルな会場で行なう集合研修のオンライン版である「ＬＩＶＥセミナー型」と、あらかじめ録画された研修のビデオを視聴することができる「オンデマンド型」の２つのスタイルのどちらか、もしくは併用して開催することになります。

ＬＩＶＥセミナー型では、講師と受講生がリアルタイムでコミュニケーションがとれるので、わからないことをその場で質問し、解決することができるメリットがあります。ただ、前項でお伝えしたように、構成や時間配分をしっかり組み立てないと、参加者のモチベーションが続かないので注意が必要です。

オンデマンド型は、たとえば作業のやり方を教える、経営理念や勤務ルールを教えるなど、基礎的な事項を教育する際に適しています。一度、研修をビデオ撮影すると、何度も繰り返しそのビデオを活用できるので便利です。さらに、研修にかかる人件費や時間などのコストを大幅に削減することができます。ただし、作業のやり方やルールが変更されると、その都度、新たに撮影や編集を行ない、動画をアップデートしていく必要があります。

オンデマンド型の研修教材の作り方

研修教材のビデオは、ＬＩＶＥセミナーを撮影したビデオを流用することはおすすめしません。その場合、講師は会場の参加者に対して話をしているので、ビデオを見ている受講生のほうは、どうしても第三者的に視聴することになってしまいます。そうすると集中力も低下しますし、学んだことが身につきません。面倒でも研修教材用に別途撮影することをおすすめします。その際、講師役（トレーナー）はビデオを視聴しているレンズの向こうにいる受講生に向かって話しかけていることを意識して講義を行ないます。

1本1コンテンツを原則とし、教育内容の詰め込みすぎは厳禁です。撮影する際は、場当り的にアドリブで講義するのではなく、シナリオを用意して、平易な表現、言葉を使うことが大切です。

ビデオカメラに向かって話をすることに慣れていなければ、緊張して話す内容を間違えたり、噛んでしまったりして、何度も撮影をし直すことになります。そうなると、時間もかかるし、トレーナー役が疲弊してしまいます。おすすめは、プロンプターを使用することです。

プロンプターについては、42ページでも紹介しましたが、プロンプターをカメラの前に設置して、それに映し出された原稿を読み上げながら、研修を行なうことで、撮影は格段に楽になります。

撮影や編集については、自社内でプロジェクトチームを作って実施することもできますが、専門の業者へ依頼するほうが効率的です。今は、ギグワーカー（フリーランス）に仕事を依頼できるWebサービスがネット上に多くあり、比較的安価で制作できるので、ぜひ調べてみてください。

完成した動画はパスワードをかけて管理します。動画を一括管理できる有料サービスもありますし、ユーチューブなら動画のURLを知っている人しか視聴することができない設定（限定公開）にすることもできます。自社のセキュリティーのレベルに合わせて、公開方法を決定してください。

私が経営するメンタルチャージISC研究所はコロナショックの禍中に、弊社のパートナー講師でもある合同会社碧宙《あおぞら》副代表の法貴《ほうき》かおり氏の協力を得て、クライアント企業の新人教育用に動画教材を作成しました。新人研修の基礎的カリキュラムを学習することができる全10回の動画です。

ぜひ、QRコードからアクセスして視聴してみてください(申し込みフォームにご登録後、視聴用のURLを送付いたします)。

◇新人研修用動画のタイトルリスト

第1回　心がまえ（2分46秒）
第2回　自己紹介（2分13秒）
第3回　第一印象（3分46秒）
第4回　言葉づかい（4分8秒）
第5回　謙譲語（3分10秒）
第6回　伝え方の工夫（6分56秒）
第7回　電話応対〈1〉（4分41秒）
第8回　電話応対〈2〉（3分42秒）
第9回　相談と報告（3分3秒）
第10回　挑戦しよう（3分31秒）

※（　）内は再生時間です。

新人研修動画リストの視聴用URLは、以下のQRコード、もしくはURLよりリンク先の登録フォームより申請してお受け取りください。

https://okamotofumihiro.com/rmpre/

POINT

自社の状況に合わせてスタイルを選んで研修を進める

1 LIVEセミナー、オンデマンド、それぞれのメリット/デメリットを知る

2 動画は1本1コンテンツを原則とし、教育内容を詰め込みすぎないようにする

3 研修動画の撮影は、プロンプターなどのツールを活用して効率よく行なう

04 リモートでホメる／叱る

人材育成において、「ホメる」「叱る」ことは重要なファクターです。しかしながら、この2つの要素について、「得意である」と胸を張って言える人は少数派です。経営者、リーダーを対象にしたセミナーの参加者へアンケートを行なった際に、「不得意である」と答えた人は実に9割を超えていました。そのアンケートはテレワークが広がる前に行なったものですので、テレワークが主体となっている職場では、これまで以上に苦手意識を持つ人が増えているはずです。

テレワークでは、部下と話をする機会がほとんどないという日もあるでしょう。会話することがなければ、ホメることも、叱ることもありません。そうなると、ますます、ホメる／叱ることを苦手だと感じてしまうことになります。

基準を満たしたときだけホメればよい

30歳前後の「ゆとり」世代以下の人たちは、子どものときから〝ホメて育てる〟教育を受けてきました。ですので、ホメられるのが当たり前という中で、学校では教師、家庭では親と接してきています。そうなると職場においても、ホメられることを自然と期待するようになってしまいます。また、中にはホメられないことに不満を抱く人もでてきます。

とはいえ、無暗にホメることは避けるべきです。ホメることが苦手だと感じている人が、無理にホメたとしても、ご機嫌をとっているように受け取られてしまうので逆効果となります。**ホメるときは「基準」が必要で、その基準を満たしたときのみホメましょう。**ホメるときの基準は、会社、上司として望む「行動」と「結果」です。そのことを、事前に部下に伝えておき、それをクリアしたときにホメればよいのです。

しかしながら、**ホメることができない（=結果を出せない）部下も中にはいますよね。そのときはホメるよりも手軽に行なえる「承認」をすればよいのです。承認とは、**

相手の存在自体を認めることで、ホメるよりも頻繁に行なえます。

たとえば、後輩スタッフのサポートをしっかり行なっていることに対して「がんばっているね！」と伝える（＝ねぎらい）。まかせた仕事にしっかり取り組んでいることに対して「ありがとう」と伝える（＝感謝）。もっと簡単なことであれば、朝一番のメールに対して、即時にレスポンスメールを返して「おはよう！」と伝える（＝あいさつ）なども承認です。

自宅で1人、テレワークをしている部下は孤独感を抱きがちです。そうなると、モチベーションも下がってしまいます。**上司から承認されることで自己肯定感が高まります。自己肯定感が高まれば、自信を持つことができ、仕事をすることへのモチベーションもアップします。**テレワークを行なう部下に対しては、こまめに承認メッセージを投げかけるようにしましょう。

叱るときはタイミングを外さないように

さて、リモートでの叱責がパワハラになりやすいことについては、第2章でお伝えした通りです。しかしながら、苦言を伝えなければならないことがあるのに部下に気をつかい避けていては、人材育成はできません。あなた自身、上司に叱られたことで気づきを得て、それにより成長できたという経験をお持ちではないでしょうか。叱られることは人の成長過程で必要だと私は考えます。

叱るときのポイントはタイミングを外さないことです。朝一番に叱るとモチベーションが下がるだろうなと思い、そのままスルーし、その後タイミングを逃してしまい翌日に叱ったとしたら、「済んだことを持ち出してきて、イヤミを言うなんて最低！」と思われてしまうかもしれません。それにより、部下との人間関係が崩れてしまいます。

もう1つのポイントは、**ホメるときと同様に基準を設けることです。**叱る基準は、上司の基準ではありません。人は誰しも自分は正しいと思って行動しているので、部下と上司の「正しいこと」「間違えていること」に対する基準が違えば、部下としては正しいことをしているのに叱られるので理不尽な思いをします。

また、上司の基準はその日の気分に大きく左右されるので、日によって基準が異なる場合もあります。「昨日は叱られなかったのに今日は叱られた」とか、「Aさんがやっても何も言われないが、自分がやると大目玉を食らった」となれば、叱られたことに対して、腹立たしく思うでしょう。

組織の中で物事の正しい、間違いを判断する際は、個人の考えや、やり方を基準にしてはいけません。**判断は企業理念と行動規範、そして、就業ルール、作業マニュアルの中に記されていることを基準に行ないます。**それらに載っていることから逸脱した行動、言動をとったことに対して苦言を伝えればブレがなくなり、みんなの納得感も高まります。全員がそれらの判断基準を理解できるように、研修の機会にしっかり教育していくことが大切です。

テレワーク中の部下を叱るときは、メールやチャットではなく、電話、テレビ会議システムを利用して、ダイレクトに声に出して伝えるようにします。文章だけで叱ると、微妙なニュアンスが伝わらず、真意が伝わらない場合があります。こちらが思っている以上にキツイ言葉と捉えられると、パワハラと指摘されかねません。

もちろんですが、リモート会議の場などオープンな場で叱るのはNGです。叱るのは1対1、ホメるのは皆の前で行なうことが基本だと覚えておいてください。

また、嫌われてもよいと考えることも、ときには必要です。本来は注意や指導を行なわなければならない部下に対して、言うべきことを伝えていない上司は、部下からの評価が下がってしまいます。そういうことを続けていると、身勝手な行動をとる部下が増えてしまいます。苦言を伝えるべきときは、毅然とした態度で伝えましょう。

叱ったあとはフォローも大切です。

オフィスで顔を合わせる機会があれば、その際に声をかけてフォローすることが自然とできますが、テレワークでは、直接会話をする機会が激減しますので、意識してフォローする機会を作る必要があります。そうしないと、叱ったまま放置していると、心の距離がドンドン離れてしまい、関係性が悪くなります。そうならないためにも、**フォローに関してはメール、チャット、もしくはLINEなどを使って早めに行ないましょう。**もちろん、一番よいのは直接話をしてフォローすることです。

ホメる、叱るテクニックを身につけるよりも大事なことは、普段から関係性を良好に保ち、「この人からホメられるとうれしい」「この人から叱られるのであれば納得できる」という上司になることです。

「どのように」ではなく、「誰からホメ（／叱）られるのか？」が重要だということです。ですので、部下からリスペクトされる存在でいることが求められます。そうなるには、難しいことをする必要はなく、「職場のルールを守る」「有言実行でいる」など、当たり前のことを当たり前にできる人になることが第一歩です。加えて、自分の考えやビジョンをきちんと示し、リーダーシップがとれれば満点です。

POINT

リモートでホメる／叱るときのコツ

1 ホメる、叱る前に基準を決める
2 ホメることができない部下は承認する
3 叱るときはフォローも含め、直接声に出して伝える

05 リモートで評価する

人事評価は公平に行なわれなければ、部下の不満の火種になります。

ただ、毎日顔を合わせることができる職場においても、適確な人事評価ができているケースは少ないでしょう。テレワークで働く部下については、目で見て部下の働き方を確認できないので、ことさら難しいと感じる方が多いのではないかと思います。

そうした中で、注目されているのが「ジョブ型人事制度」です。かつて、バブル崩壊後に多くの企業が、当時「成果主義」と呼ばれていた人事制度を導入しましたが、一時的なブームで終わり、その後あまり話題にのぼらなくなりました。しかしながら、テレワークが本格的に導入された職場ではその再導入が検討されています。

また、「同一労働同一賃金」の法制化や終身雇用制度の崩壊、副業解禁などの背景もあり、ジョブ型人事制度を導入する動きが加速することが見込まれます。ジョブ型人事制度では、仕事の内容に合わせて、賃金などが定められていきます。高度なスキルを必要とする仕事をしている人は、年齢や社歴に関係なく、その業務をこなせるスキルがあることを評価されて、高い賃金を得ることができます。かつて多くの日本企業で導入されていた年功序列型とは一線を画します。

人事評価を行なう際は、与えられた業務を求められているレベルで完了できたかどうかが評価ポイントとなります。ですので、勤続年数や途中の取り組み方、意欲などについては、それほど重視されません。

かつて、このジョブ型人事制度（成果主義）が導入された際は、営業職であれば同僚がライバルとなるので必要な情報が共有されなかったり、チームのために縁の下の力持ち的な役割で協力してくれていたスタッフが評価されないという問題が起こりました。

営業など、個人の成績が数字で表れてくる部門以外では、どう評価すればいいのかわからず、その問題もすっきりと解決しないまま、結果的に日本企業には定着しませんでした。

ジョブ型人事制度を運用するときの注意点

テレワークで働く部下のことを適正に評価するには、このジョブ型人事制度を導入することが必要だといわれています。常に部下の行動を観察することはムリなので、結果（数字）でしか判断ができないという言い分はよくわかりますが、それだけが理由で導入するとなると、かつての成果主義導入時と同様に問題が発生することになるでしょう。

どうすればよいのでしょうか？

かつての成果主義による人事評価の実情は、期首に目標管理シートへ各自が目標を記入して上司に提出しますが、そのあとは人事考課が行なわれる期末にしかそのシートを見ることがないというケースが多くありました。そこに記入した目標については、提出した本人でさえ、数日たてば忘れてしまいますし、ましてや上司が部下1人1人の目標を細かく覚えてはいないでしょう。制度自体が形骸化しやすいということです。それではうまくいくはずはありません。

働き方がテレワークへ移行するのを機に、人事制度をジョブ型に移行するのであれば、かつての失敗の二の舞は避けなければなりません。

まずは、**各自の職務上の役割を明確化します**。そして、**「会社や上司が何を求めているのか」について詳しく伝えて共有します**。どこに評価ポイントがあるのかを事前に説明するということです。

評価を行なう際は、結果だけにフォーカスするのではなく、その結果に至るまでの行動、スケジュール管理、上司や関係する他部署への提案、チームへの働きかけなどについても、評価の対象とします。

部下を正しく評価するには、こまめに部下とコミュニケーションをとって、観察し

ていく必要があります。

そうした中、注意するべき点もあります。それは上司と部下のかかわり方です。アメリカの社会心理学者ロバート・ザイアンスが提唱した「ザイアンスの法則」によると、人は繰り返し接する人やモノに対して好意度や印象が高まるとのことです。これは、「単純接触効果」ともいわれます。

上司としては、頻繁にコミュニケーションをとっている部下のほうが、そうではない部下よりも、好感を持ちやすいので、どうしても評価が高くなります。同じ結果を出していたとしても、接触回数の多い部下の方に加点してしまうということです。

ですので、上司としては気の合う部下とだけコミュニケーションをとるのではなく、チャット、LINE、電話、テレビ会議システムを総動員して、できる限りすべての部下と、なるべく頻繁にコミュニケーションをとるように心がけることが大切です。

そうやって、部下と密に連絡を取り合えば、人事評価も公平性を保てますし、相手の状況も把握できるので、マネジメントがスムーズに行なえるようになり一石二鳥です。

もちろん、経営者、上司も人間ですから気が合わない部下もいるでしょう。それでも、業務を進める中でかかわっていく必要はあります。対処法は、その部下の何が「イヤ」なのかを明確にし、まずはそういう言動、行動をとるタイプだと〝ラベル〟を貼ります。調味料の裏に貼ってあるラベルのように特徴を明示し、頭に入れておけば、ある程度心がまえができるのでストレスが軽減できます。また、「私は○○と感じる」とアイメッセージで伝えたうえで改善を求めることも必要です。

POINT

テレワークの部下を評価するときの心がまえ

1 かつての成果主義導入時の二の舞にならないように注意する
2 なるべく頻繁にコミュニケーションをとって部下の状態を把握する
3 分け隔てなくできる限りすべての部下とかかわるようにする

第 5 章

リモートでもできる 1on1 ミーティング

01 なぜリモートでも1on1で対話するべきなのか？

自宅でテレワークを続けていると、業務を進める過程でわからないことがあっても、気軽に誰かに尋ねることができません。特に社歴が浅いスタッフであれば、先輩や上司にちょっとしたことを訊くのに、チャットしたりメールを送るのは気が引けてできないものです。

ですので、何か1つでもつまずくことがあれば、それ以上、業務を先に進められず、頭を抱えてしまうということになりがちです。悩みや問題を放置したままで仕事を進めてしまった結果、ミスをしたり、顧客からクレームを受けることになれば、モチベーションが一気に下がってしまいます。

皆が同じ職場に出勤して、机を並べて仕事をするスタイルの従来型のオフィスであれば、業務の合間の雑談で、ちょっとした悩みや問題について上司や先輩に質問・相談することは、それほどハードルが高いことではないでしょう。

それに対してテレワークの場合、コミュニケーションの多くはテレビ会議システムやチャットで行なうので、どうしても用件のみの伝達になりがちです。数名でリモート会議を行なっている最中に個人の相談ごとを切り出すのは、かなりの勇気が必要になるため、なかなか話せません。すると、悩みや問題を抱えながら、常に靄《もや》がかかった状態で毎日をすごすことになってしまいます。**抱えている未完了な事項が増えるとストレスが溜まり、仕事に対する意欲低下につながります。**

ストレス過多になっていたとしても、部下のほうからSOSを出してくるケースはまれです。そのまま上司が部下の状態に気づけずに放置していると退職につながることもあるので要注意です。

かつて私がセブンイレブンのフランチャイズ店を経営していたときに、スタッフから「オーナー、お話があるのですが……」と切り出されると、たいていは退職の意向でした。部下が上司に改めて話す場を設けてほしいと言ってくるのは、決死の覚悟を伝えるときと覚えておきましょう。

部下がストレスを抱え込まないように1on 1を実施する

コロナ禍の自粛期間中にテレワークをしていて多くの人が感じたのは、孤独感、寂しさ、不安などネガティブな感情だったのではないでしょうか。そういう感情を抱いたまま、1人で仕事を続けるとストレスが溜まり、メンタル不調におちいりやすくなります。それだけではなく、免疫力が低下し体調も思わしくなくなります。

テレワーク中の部下が、**1人で悩み、ストレスを抱え込まないために必要なのが、定期的に上司と対話する機会を持つことです。**ここで、あえて会話ではなく、〝対話〟という言葉を使ったのには理由があります。会話とは複数の人で行なう日常のコミュニケーション全般のことを指し、何気なくする雑談も含まれます。**対話とは、1対1**

で心も体もお互いに相手に向き合い、目的を持って交わすコミュニケーションのことです。ここで行なうのは〝対話〟であるべきだからです。具体的に言えば1on1ミーティングを行なうということです。

私が調査したところ、部下と1対1の個別ミーティングを実施している職場は全体の2割もありませんでした。「うちはミーティングを行なっている」とは言っても、その多くは半年に1回、賞与の査定を目的にしか行なわれておらず、1カ月に1回など、定期的に実施している職場はほとんどありません。そうなると、ストレスを抱えたまま仕事を続けているスタッフが増え、最終的には職場全体のパフォーマンスが落ちてしまいます。

テレワークで働く部下の体調、メンタル面を含めた状態を把握するために、リモートで行なう1on1ミーティングの実施は必須です。部下が自分の悩みや抱えている問題を自由に話せる場にするためにミーティングの場で話すことは、他者へは公言しないと約束します。そうでないと、安心して話をすることができません。私がリモート・コンサルティングを行なうときも、クライアントさまから聞いた話は、許可を得た場合を除き、守秘義務を厳守して第三者へ話すことはありません。そうすることで、本音の部分を打ち明けてくれるようになります。部下と対話する機会を増やすことで、リモートで働く部下のことを把握できるようになり、モチベーションの低下や離職などを未然に防げるようになります。

POINT

部下のパフォーマンスを維持するために対話する機会を設けよう

1 悩み、問題を上司に積極的に話す部下はまれにしかいない

2 テレワークをする部下のストレス過多を放置すると業績低下や退職につながる

3 1on1により、部下のモチベーション低下と離職を同時に防ぐ

02

リモート1on1は準備で8割決まる！

テレビ会議システムを活用して、1on1ミーティングを行なう際は、相手が話しやすい環境を作ることが大切です。細かいことですが、モニターに映る上司自身の画像について、ほんの少し気をつけるだけでも話しやすさはぐっと増します。

一番のポイントはカメラの位置です。ノートパソコンを使っている場合は、カメラのレンズが顔よりも下になる場合が多いでしょう。そうすると、モニターには上から見下ろしているかのように映るので、見ているほうは威圧感をおぼえます。ですので、**カメラの位置は目の高さと同じ、もしくは少し上に設置しましょう。**

余談ですが、少し上から撮影すると、目が大きく、あごがシャープに映るので、イ

ケメンや美人に見せたいときにはベストなアングルなのです。

自分が映っているモニター画像を見ながら、**顔だけが大きく映りすぎていないかにも注意します。** モニターに顔だけが映ると生首のように見えるので避けましょう。肩より15センチ程度下までが映り、頭頂部からモニターの上部の間に適度な隙間ができる位置にカメラをセットしましょう。

カメラ位置を変える場合、三脚を使えば楽にセッティングが行なえます。ノートパソコンの場合はパソコンスタンドを用いたり、台を使って高さを調節するとよいでしょう。顔色をよく見せたいのであればリングライトなどの照明も利用します。

また、自宅で行なう場合は背景に生活感がにじみ出るようなもの、たとえば洗濯物や散らかったままの部屋が映り込んでしまうと、見ているほうはそこが気になりミーティングに集中できなくなります。その場合は、システムによってはバーチャル背景の機能があり、任意の背景画像を選ぶことができます。

ただし、宇宙空間の画像や南国のビーチの写真、海の中にいるようなキラキラした動画の背景など、目立ちすぎるものは避けましょう。白い壁やオフィスの写真など1

on 1ミーティングの場としてふさわしい背景を選んでください。

スムーズに1on 1ミーティングを進めるには、音声にも気を配ります。パソコンの内臓マイクを使ってもよいのですが、マイクの種類によっては雑音を拾ってしまうので、話が聞き取りにくい場合もあります。そうなると話に集中できないので、雑音が入りにくい単一指向性タイプのマイクを使うか、ヘッドセットを使うと便利です。

顔だけが大きく映らないようにする

上から目線で映ると
威圧感を抱かせてしまう

ベストなアングルになるように
Webカメラの位置を調整する

1on1も、れっきとした仕事の1つ

顔を出すのがイヤだったり、面倒だと感じる部下もいるかもしれませんが、**リモートで1on1ミーティングを行なう場合は顔出しするのを基本としておきます。**相手の顔が見えると、近くにいる感じがするので、雑談がしやすくなります。テレワークでは用件以外の話をすることが減るので、コミュニケーションが希薄化します。1on1ミーティングでは、それを補うためにも意識して雑談ができる環境にしていくことが必要です。

1on1ミーティングは、手が空いたら、暇になったら、時間ができたらやろうと思ってもできません。なぜなら、お互いに手が空くことも、暇になることも、時間が余ることもまずないからです。

1カ月以上前からあらかじめ、誰といつ行なうのかスケジュールを立てておき、決まった時点でテレビ会議システムでミーティングをセッティングしておきます。その予定はよほどのことがない限り、上書きはしないことをルールとしておきましょう。

1on1ミーティングは、単に部下とコミュニケーションをとる場ではなく、部下の現状（業務の進捗、心身の状態、考えていること、悩みなど）を把握するため、また、上司の考えていることを正しく伝える場です。本来は簡単に上書きされてしまうような優先順位の低い業務ではありません。**マネジメントをしていくうえで欠かすことができない大切な時間（仕事）である**ことを、お互いに理解しておくことが必要です。

POINT

1on1ミーティングを始める前の準備を完璧にする

1 部下が話しやすい環境にするため細かいところにも気を配る
2 顔を出してミーティングすればコミュニケーションがとりやすくなる
3 1on1ミーティングの予定はよほどのことがない限り上書きしない

03 さあ、リモート1on1を始めよう！

今まで部下と改めて時間をとって、1対1で話をする機会がほとんどなかったという場合は、リモート1on1を行なうことに対して、お互いに心理的ハードルが高くなり、身がまえてしまうことが往々にしてあります。すると、何を話せばよいのかわからず沈黙する時間が多くなってしまい、場を持たせなければならないと思った上司がベラベラと1人で話をしてしまいがちです。

その際によくあるのが、上司が自分の武勇伝を得意げに話してしまうケースです。部下としては、別に聞きたくもない上司の過去の自慢話に何十分も付き合わされるのでたまったものではありません。そもそもコロナ禍を境に、人びとの心境やニーズは大きく変化しているので、上司の昔話を今出してきても、時代が違いすぎるので役に立たないことが大半です。そうなると、次の1on1ミーティングを何かしら理由をつけて避けようとしてきます。何度も日程変更が続くと、結果として1on1ミーティングの実施が自然消滅しかねません。

ですから、1on1ミーティングでは、上司は部下の話を聴くことに徹しましょう。上司が伝えたいことを伝えることよりも、部下の現状を知ることに重きを置くようにしてください。**話をする、聴くの時間配分は、上司が話をするのが2割で、話を聴くことは8割が理想です。**

部下の話をじっくり聴くことで信頼関係が構築される

なぜ、話を聴くことが大事なのでしょうか？

まずは、マネジメントを行なうにあたり、**上司が部下のことを知ることは何より重要なこと**だからです。

部下の話をしっかり聴けば、相手の状態、心境、ニーズがわかります。

部下のことを詳しく理解していれば、適切な業務をまかせることができるので、生産性が上がります。抱えている問題や悩みに早く気づけるので、対策も早く立てられます。あなたも、誰かに問題や悩みを聴いてもらっただけで、目の前にかかっていた靄が晴れ、青空が広がっていくような気持ちになったことがあるでしょう。部下も同様です。話をじっくり聴くことで、その人が抱えている問題や悩みが原因で、やる気を下げたり、退職してしまうことを未然に防げるのです。

また、**基本的に人間は「自分の話を聴いてほしい」という欲求を持っています。**話を聴くことで、部下のその欲求を満たしてあげることができます。

とはいえ、話を聴いてもらえる機会は案外少なかったりします。たとえば、私がセミナーや研修の場で参加者に「プライベートのシーンで話を聴いてもらえる人がいますか？」と尋ねると、手が挙がるのは半分以下です。

仮に話を聴いてもらえる（相談できる）相手がいたとしても、たとえば、悩みを相談すると、求めていないのに解決策やアドバイスを押しつけてきたり、ひどいときはお説教が始まったり、というケースが多いのです。

こういう場合、話の聞き手の頭の中のスイッチは「聴くこと」ではなく、「話すこと」がオンになっています。「自分が何を話せばいいのか？」「どう話せば相手が納得して、自分の助言通りに行動するだろうか？」ということばかり考えてしまいます。これでは、話を聴くことはできませんし、相手にもそれが伝わるので、徐々に話すことをやめてしまいます。

このように自分の話を聴いてもらえない環境に身を置いている中で、職場の上司に話を丁寧に聴いてもらえるとなれば、上司に対して好感を抱くでしょう。自分の理解者だと感じ、信頼を寄せてくれるようにもなります。**ですので、上司は1on 1ミーティングで部下の話を聴く役割に徹することが大切なのです。マネジメントを行なううえで信頼関係の構築は欠かせません。**

ただし、話を聴いている最中に、言いたいことやよいアイデア（助言）が思い浮かんだりした場合は、そのことが気になり聴くことができなくなります。そういうときは、メモ帳にそれらを記入して、頭の中からいったん追い出してしまいましょう。そうすれば、部下の話を聴くことに集中できるようになれます。

深掘りして部下の頭の中を整理する

1on1ミーティングは、やり方を間違えると、うわべだけの会話に終始することになり、効果が得られない場合もあります。それを避けるには、**会話をしていく中で〝掘り下げる〟ことが必要です。**

頭の中のスイッチを〝話を聴く〟側に入れて、相手の話に心から耳を傾ければ、「これはキーとなる項目だな」という箇所が聴こえてきます。その部分にフォーカスして、「もう少し詳しく聴かせてくれますか？」と質問して、深掘りしていきましょう。

質問に答えていくことで、部下自身も頭の中が整理されてきますし、今まで表面化していない問題や課題に気づくことができるようにもなります。これは1on1ミーティングを実施する大きな目的の1つです。

なお、聴く方法、訊く（質問する）スキルについては第2章でご紹介した方法をご参考にしてください。

POINT

リモート1on1をスムーズに始めるために

1 上司は「話す2割、聴く8割」でちょうどいい

2 部下の話を上司がしっかり聴けば信頼関係を築ける

3 話を深堀りして部下自身で気づけるようにうながす

04 1on1はコーチングをモデルにするとうまくいく

私は2005年から「繁盛企業コーチング」というオリジナルのプログラムを、経営者、リーダーの方々に提供しています。そのプログラムは、すべて電話かテレビ会議システムを活用して実施しています。リモートで行なう1on1ミーティングは、私が提供しているこの**コーチングの構造がそのままモデルとして活用できます。**

私がコーチングを行なう時間はお互いに集中して話ができるように30分1本勝負を基本としています。まず、いきなり本題に入るのではなく、リラックスして話ができるように、ちょっとした世間話をしてスタートします。リモートに慣れていない相手の場合は緊張しているので、それを解きほぐすことが必要です。天気の話や世間で話題になっているニュースなどを取り上げて場をなごませましょう。

少し話をして緊張がほぐれてきたら、今度は近況について話します。 このとき、仕事の話だけではなく、プライベートについて話してよいことにします。プライベートでの変化や出来事が仕事に大きく影響している場合があるからです。

相手の話に心から耳を傾けて聴くことを続けていると、「いつもより元気がない」とか、「投げやりな感じを受ける」とか、逆に「とても楽しそうだな」など、ちょっとした変化を見つけることができるようになります。

普段とは違う点に気づいたら、そのことを相手にフィードバックして、掘り下げていくことも大切です。 このとき、相手が積極的に話をしようとしないのであれば、あえて踏み込まず、別の話題に切り替えましょう。

コーチングの基本的な流れ

次に、**その日に1on1で話すテーマを決めます。同時にゴールセッティングも行ないます。**扱うテーマのサイズが大きければ、「この時間にどこまで解決したいのか？」「ミーティングを終えたあとにどういう状態になっていたいのか？」などと質問して、その日の着地点を決めていきます。これで1on1ミーティングの大まかなシナリオができあがります。

そのあとは、現状について訊きだします。話し手が望む状態と現状にギャップがあれば、そこをクローズアップして、相手（部下）に〝差〟（ギャップ）が存在していることを自覚してもらいましょう。数字で表すことができれば、より明確にそれを把握できます。

そして、**「その差をどう埋めるのか？」について、具体的な方法を探っていきます。**このとき、最初から1つに絞るのではなく、少なくとも3つ以上アイデアを出すようにしましょう。1つしか対策を立てることができなければ、そのやり方がうまくいかなければ行動が止まってしまいます。それ以外にも選択肢を用意しておけば、ほかのやり方を試すことができるので、行動が停滞しません。

最後に、**具体的な行動計画を立てます。**初めに何から取り組むのかを決めて、いつ、どのように実行するのかを明確にします。このとき「行動するまで」と「結果を出すまで」の期限を決めて宣言してもらえば、相手の行動が促進されます。

終了3分前になったら、その日のコーチングを振り返り、気づいたことや決定事項、感想などを述べてもらい、最後に次の予定を決めてその日のセッションを終えます。

次回の1on1では、**前回の振り返りを行ない、成果を発表してもらうところからスタートします。**成果については、うまくいかなかったこともあるでしょうが、そこにフォーカスしすぎてはいけません。心理学者のバーバラ・フレドリクソンは「ポジティブ：ネガティブ」の感情の黄金比率は3：1であり、そのバランス上でメンタルヘルスが正常に機能すると説いています。

ネガティブな報告を1つ行なうことに対して、その3倍、ポジティブな報告をすれば、心理的に前向きな状態でいることができるわけです。

第1章でも言いましたが、そもそもネガティブな感情は、ポジティブな感情よりも強く心に響きます。これを心理学では「ネガティブバイアス」といいます。ですので、ネガティブな発言は複数あったとしても1つだけの報告としておき、うまくいったことについては3つ以上報告してもらいましょう。

そのあとは、行動した結果を検証し、それをもとにテーマを決め、前回同様のストーリーで1on 1ミーティングを進めていきます。最終ゴールに到達するまで、このサイクルを繰り返していきます。

「ミーティング準備シート」で部下の「現在地」を把握する

1on 1ミーティングをスタートした当初は、部下から積極的に話をしてくるケースは少ないでしょう。そうなると、1on 1をうまく進められなくなります。おすすめは**「ミーティング準備シート」の活用です。**事前にその場で取り上げたいことをシートに書き出して、それをもとに話を進めていくと効率的です。シートに記入されたことに沿って1on1を進めれば、話題が大きくずれることもないので、短い時間でも中身の濃いミーティングが行なえます。

「ミーティング準備シート」は、ミーティングを始める15～30分前までに記入して事前に提出してもらいます。シートを記入していく中で、自分がどういう状況に置かれているのか「現在地」を把握することができます。

現在地の把握はとても大切です。飛行機がなんの標識もない、道なき道である大空を飛び、予定通り目的地に着陸できるのは、自分の位置を常に把握し、正しく航路を進めているかを確認できているからです。航空機の場合、慣性航法と地上電波、GPSなどを使う電波航法を組み合わせ、常に機体の位置や状態を認識しています。また、常時届く最新情報をもとに微調整も行なっているのです。

現在地がわかれば目的地までの距離がわかります。それにより、到着時間が割り出せますし、燃料の残量が十分かどうかもわかります。そうやって、常に現在地と現状を把握しているから、安全に運航することができているのです。

１ｏｎ１ミーティングは、**部下が自分の現在地（現状）を把握するために必要な機会です。**また、これから目的地まで向かう進路の微調整を行なう場でもあります。上司はそれをアシストすることに徹しましょう。

「ミーティング準備シート」をダウンロードできるＱＲコードを載せておきますので、ぜひご活用ください。以下のＱＲコード、もしくはＵＲＬよりリンク先の登録フォームにて申請してお受け取りください。

https://okamotofumihiro.com/rmpre/

■ミーティング準備シート

氏　名		
ミーティング実施日時	年　月　日（　）AM/PM　時　分～	
前回から今回までに起こしたアクション		
上記による成果、変化	改善・修正が必要なこと	
	うまくいったこと	
	その他	
気がかりなこと		
リモート環境での悩み・問題		
ミーティングで話したいこと		
ミーティングで決まったこと		
ミーティング実施後に感じたこと		
上記以外で伝えておきたいこと		
次回の予定	年　月　日（　）AM/PM　時　分～	

※具体的に記入してミーティング前に提出しましょう。「グレー」で表示されている項目はミーティング実施後に記入します。

POINT

1on1ミーティングを効率よく実施する

1 コーチングの構造を理解してモデルにする

2 「ミーティング準備シート」を使って短時間でも中身の濃いミーティングを実施する

3 1on1ミーティングでは、部下に自分の現在地（現状）を自身で確認してもらう

05

リモート1on1でやってはいけない3つの「ない」

ここまでリモートでの1on1ミーティングをスムーズに行なうコツについてご紹介してきました。ここでは、1on1を進める中で、やってしまいがちなNGパターンについてご紹介しておきます。

❶ 自分の考えを強要してはいけない

部下から悩みや問題解決にあたっての相談を受けた場合、上司としてはよかれと思い、アドバイスをドンドンして、自分が助言したやり方を部下に強要していきます。その後、アドバイス通りに部下が行動していないとわかると不機嫌になり、「どうしてやらないんだ！」と雷を落とすことになります。これでは助言ではなく「指示命令」と捉えられてしまいます。

前項でご紹介したように、1on1ミーティングはコーチングがモデルです。原則として、そこでの主役は部下です。上司としては、相談されたのだからいろいろと助言をしたくなる気持ちはわかりますが、それを受け入れるかどうかを決めるのは部下であることを忘れてはいけません。

私の場合、クライアントさまとのコーチングの中で、アドバイスしたことを取り入れたいとなったときは、それを現場でどのように展開すればいいのかについて、チューニングする方法をクライアントさまご自身に考えてもらっています。こちらが作成したシナリオを手渡して、その通りにやってもらうほうが簡単なのですが、それでは結果は出ません。クライアントさまが自ら考え、決めた方法でないと行動しようと思わないからです。**手間、時間、労力はかかりますが、部下が自分で〝考動〟するまで根気よく付き合うようにしましょう。**

❷ 雑談するだけの場にしてはいけない

リモート1on1ミーティングを始めるとき、その場の空気を和らげるために、ちょっとした雑談をすることは有効です。ときにはグチ、不平、不満を言ってみたり、思った通りに仕事が進まないことに対して弱音を吐くことがあってもいいでしょう。

しかしながら、そういう話に終始していても、問題は解決しませんし、ゴールに到達することもできません。

必要なことは、**部下が自分で設定したゴールを目指して行動するのをうながすことです。**ある程度、溜めていたことを吐き出したとわかれば、本来のミーティングの目的が何かを思い出させて軌道修正します。

ミーティングの場で上司は、コーチ役であり、かつ、ファシリテーターの役割も担うことが求められます。ファシリテーターとは、会議の場で議事進行を行ない、参加者に発言をうながし、出てきた意見をまとめる役です。ゴールに向けて会議を進めていく道先案内人といえます。1on1ミーティングにおいてもファシリテーターは必要なのです。

❸ミーティング後に放置してはいけない

1on1ミーティングは話をしている時間も大事ですが、**そのあとの部下の行動にも注目するべきです。**

人の記憶は20分たつと約4割のことを忘れ、翌日には7割以上のことを忘却してしまうという説（エビングハウスの忘却曲線）があります。ミーティングで話し合い、決定したことについて、放置していれば、日々の業務が忙しいと徐々にそのことについて意識が薄らいできます。そうなると、決めたことが実行されないので、ゴールに到達することもできなくなります。

最終目的地に確実に到達させるには、**ミーティングで決めたことを思い出す機会を作ることが大切です。**そのためには、次のミーティングまで待つのではなく、日々のチャットや電話などで話をする際に、そのことに少し触れて、進捗を尋ねるようにします。そうすることで、部下は1on1で話したことをリマインドすることができるので、心の中で「行動」のスイッチが再度入ります。

ただ、それでも決めたことに取りかからない、もしくは、行動が停滞しているようであれば、1on1ミーティングでそのことについてフィードバックを行ない、部下の真意を確認します。このとき、「どうしてやらないのか！」と責めるのではなく、**行動を止めている原因がどこにあるのかを一緒に探すスタンスで対話することが大切です。**「障害になっていることは何か？」「何があれば(何をやめれば)再び行動できるか？」と質問するのが効果的です。

テレワークで働く部下とのコミュニケーションは、顔を合わせて同じオフィスで働く場合よりも希薄になりがちです。そうなると部下のことを把握することができずマネジメントがしづらくなります。それを補完するためにも、**1on1ミーティングの実施サイクルは、リアルの場で行なうときよりも短く設定することをおすすめします。**できれば**1～2週間に1回が理想**です。1カ月に1回では、得られる情報が限られてしまいます。また、部下の状況の変化にも気づけず、対応が遅れてしまいます。どうしても、短かいサイクルでの実施が難しい場合は、1回5分でもよいので、なるべく頻繁に個別で話をする機会を持ちましょう。

POINT

リモート1on 1をうまく機能させるためのポイント

1 助言は短く参考情報として伝える
2 上司はコーチとファシリテーターを兼務する
3 ミーティング後の行動にも注目する

第 6 章

リモートで会議のムダを半減させる!

01 リモート会議は〝ムダ〟の駆逐から始めよう！

本来、会議は業務を円滑に進めるために存在するものです。複数のスタッフで運営する業務であれば、議論をしたり、情報を共有したりして、チームで活動するうえでは欠かせないはず。ただ、実際の会議は、参加するのが憂鬱《ゆううつ》と感じている人が多いのではないでしょうか。

なぜ、ネガティブなイメージを抱いてしまうのか？　それは会議の中でムダなことが多く行なわれていて、生産性が低いと感じるからです。

テレビ会議システムなどを活用し、せっかく会議のスタイルが変わったのですから、過去の悪しき習慣を封印し、新しい会議に変えてみてはいかがでしょうか？

まずは、ムダと思えるものをリストアップしていきましょう。

時間のムダを駆逐する

会議に出席するのを憂鬱に感じる最も大きな原因は時間が長いことです。

かつて私がアパレル専門店チェーンに勤務していたとき、毎週月曜日に本部スタッフが全員集まる営業会議がありました。

その時間は会議とは名ばかりの「報告会」でした。その時間の冒頭に行なわれるのは、全店の数字の読み上げです。100店舗以上を展開する全国チェーンで、各店の実績データを1つずつ読み上げていくわけですから、かなり時間がかかっていました。

その場に参加していた当時の私は、「手元に配られている資料を見れば、すべて載っているのに、なんで、それをわざわざ読み上げているのか?」と疑問に思いながらも、それには触れずに、聞いているふりをしながら、内職(ほかの業務)をしていました。

こういう業績確認などについては、会議でわざわざ時間を割いてまで行なう必要はありません。**事前にメールで資料を配布して、目を通してから参加することをルールとすれば、その時間を削減できます。**

また、会議でよくあるのが、。社長、本部長、部長など「長」と名がつく人たちが、持論をまくしたてて行なう〝演説〟です。本人としては、その場の主役になれるので気持ちよいのでしょうが、すごくムダな時間です。本来、会議の場は「議論」を行なう場です。一方的に話を聴かされる場ではないはずです。

持論を伝えたいのであれば、これも、会議を始める前に、参加者へシェアしておけば、その時間を削減できます。

たとえば、文章にしてレポートを作成するのでもよいでしょうし、それが面倒であれば、話をしているところをスマホなどで撮影して、動画で参加者に届けることもできます。動画であれば、見るほうは倍速でも視聴できるので、時間を節約することができます。

そして、一番困るのが、ダラダラと長時間続く会議です。

かつて私が勤めていたアパレル企業では、バーゲンやキャンペーンなどの販促イベントが年に何度か行なわれていました。大きな売り上げが見込めるので、その実施前は会議を何度も開き、策を練っていました。

私がエリア統轄のマネージャーとして、本部に配属となり、そのイベントのプロジェクトチームのリーダーをまかされたことがありました。

それまで、イベントの詳細を決める会議は、エンドレスで行なわれることが多く、夜遅くまでダラダラ会議を続けるというのが慣習でした。

私はイベントプロジェクトの仕事のほかに、自分が担当するエリアのマネジメントの業務もあったので、できるだけプロジェクトにかける時間を削減したいと思っていました。ですので、**会議の終了時間を決めて、それを厳守しました。**

時間内に会議を終わらせなければならないので、**優先順位の低いことについては、思い切って〝やめる〟と決め、本当に必要な項目だけを、その会議で扱うようにしていきました。**結果として、議論して決めた項目は例年の半分以下となり、毎回、ほぼ定刻に会議を終えることができました。

それだけではなく、不要と思えることをやめたことで、店舗の負担も軽減でき、営業に集中することができました。そうしたところ、その年のイベントの結果は前年を大きく上回る実績を残すことができたのです。

お金のムダを駆逐する

会議の中のムダな時間に対してもコストがかかっています。たとえば、会議の中で参加者が全員そろうのを待つためや、先述した上司の演説を聞くこと、報告書を読み上げるのに合計1時間をムダに費やしたら、その場に10名が参加している場合、年間で約130万円をドブに捨てているのと同じになります（サラリーマンの平均時給2500円×10名×52週）。

とてももったいないと思いませんか？

リモート会議は開始の時間と終了時間を明確に定め、それを厳守できるようにムダの排除に徹しましょう。

また、会議でまったく発言しない人や内職をしていて議論に参加しない人たちの人件費もムダです。発言しない人をできるだけゼロにするため、議題となることに直接関係する人だけを招集するようにします。

また、**何かを決めなければならない会議であれば、決定権を持つ人に必ず参加してもらってください。**議論を重ねて、ようやく決まりかけていたことが、決定権を持つ人が会議の最後のほうに現れて、すべてをひっくり返して振り出しに戻されたという話を何度も聞いたことがあります。そうなると、それまでにかけた人件費、時間と労力は、すべてムダになってしまいます。

議事録を作るムダを駆逐する

会議が終わるとその日の夕方か翌日に、きれいに整理された議事録がメールで送られてきます。見栄えが美しく整っている議事録を作るには、ある程度時間がかかるものです。しかしながら、手元に届いたあと、気になったところだけ、ちらっと見るという人はいるかもしれませんが、じっくり読む人はほとんどいないでしょう。

これはムダなことの1つです。

議事録を美しく作る時間と労力は削減しましょう。リモート会議のときに使ったホワイトボードを、そのまま写真に撮って、それを議事録にすることもできますし、会議のときに書記役を決めて、会議を進行していく中でチャットに書き込み、それを保存しておけば議事録として代用することもできます。

ムダな会議を駆逐する

定例会議の場合、「いつも行なっているから今日も（話すことはないけれど、とりあえず）会議をする」というのはNGです。

テレワークのもとでは、仕事に従事する時間を自分で決めているケースが多く、人によっては、業務を行なう時間の合間に、子どもの世話や介護、家事などのスケジュールを細切れに入れている場合があります。つまり、会社に出社して働いているときよりも、こなすべきタスクがたくさんあるということです。ですので、目的が不明確で、ダラダラ行なう会議にはできれば出席したくないと思っています。

何年も定例で行なわれている会議であったとしても、「なんのために行なうのか？」を明確にして、事前に伝えておくべきです。改めて目的を考えてみて、「今回は不要である」と判断できれば、あえてやめてみるのもよいでしょう。

会議の中に潜む〝ムダ〟を駆逐することで、生産性をグンと高めることができます。

会議のムダを駆逐するため、あなたが普段参加している会議のムダをリストアップすることから始めてみましょう。

POINT

ムダを省けば会議は活きる

1 会議を憂鬱にさせる元凶（時間のムダ）を最優先で駆逐する
2 会議にかかる人件費に意識を向けよう
3 活用されないもの（議事録）にかけるムダを省こう

02 リモート会議は準備ですべてが決まる

リモート会議は対面で会議室で行なう会議よりも疲れます。

この本をお読みのあなたも、何度かリモート会議に参加されたことがあるかと思いますが、「終了後、すぐに次の仕事に取りかかるのはちょっときついな」と感じることが多いのではないでしょうか？　立てつづけに何件ものリモート会議に出席しなければならないとなると、心身ともにかなりの負担になります。

なぜ、疲労感を抱くのでしょうか？

ひと言で言えば、「慣れていないから」です。参加者の顔がモニター上にずらりと並ぶので、会議の間、ずっと自分が直視されているように感じます。まず、この段階で会社の会議室で行なう場合とは大きくシチュエーションが異なります。リアルな場での会議なら、スポットライトが当たるのは、発言をしているときだけです。それ以外の時間は、気を抜くこともできますが、**リモート会議の場では、参加者の画面の中で自分がどう映っているのかが気になり、常に緊張を強いられます。**

また、自身のモニター画面の中にも自分の姿が映し出されるので、それも気になります。どちらかというと、ほかの人よりも自分が映っている画面に目が行きがちになります。そうなると、ずっと鏡に映る自分を見ているのと同じことになるので、これもまた、今まであまり体験したことがない状況です。そういう、不慣れな環境のもとで行なわれるので、リアルな場での会議よりも疲れてしまうのです。

ですので、できる限り効率よく進行し、参加者の負担を軽くすることが大切です。そのために、事前の準備を念入りに行ないましょう。

役割を決める

司会、タイムキーパー、書記の三役は、会議を始める前に、それぞれの担当者へ役割を伝えておきます。**毎回同じ人が担当するのではなく、順番に持ち回りで各役割を経験できるようにします。**そうすることで、なんらかの役割が与えられるので、少なくともそのときは主体的に参加することになるので、傍観者的な参加者が生まれにくくなります。特に、司会役になるときはファシリテーションのスキルを身につけることができるので、個人の能力開発にも役立ちます。

書記は自分のパソコンやノートではなく、テレビ会議システムのチャットや、全員が参加しているチャットツールにメモを記入していきます。書記役の画面の中に納まるようにホワイトボードを設置して、そこに書いていくのでもよいでしょう。その場合は、モニター越しに読めるように文字のサイズを少し大きめに書きます。会議の中で「どういう意見が出たのか？」「何が決まったのか？」を、参加者が把握できるようにするため書記はとても大切な役割です。

定刻に終わる準備をする

会議の終了時間は、会議がスタートするときに司会者が明確に伝えます。会議を長時間行なうことは避け、45分1本勝負にするのが理想です。最大でも60分で終了するように設定しましょう。人間の集中力の持続時間を考慮すると、それくらいの時間で行なうのが適切です。

議題が多く、その時間で収まらない場合は途中に10分程度の休憩をはさみ、そのときはいったんモニターの前から離れて、ストレッチなど軽い運動をすることをうながしてください。また、**原則として会議の延長はしないと決めておきます。**集中力、思考力が低下している中で長い時間、会議を継続したとしてもよい成果をあげることはできません。

終了時間を厳守するため、会議時間が半分をすぎたときと終了10分前にタイムキーパーがアナウンスします。グループで議論し、まとめたことを発表したり、個人の意見を述べる際も、制限時間をあらかじめ伝えておき、常にタイムキープしていきます。

たとえば、「発表は2分以内」と決めれば、1分経過したときと、終了10秒前にアナウンスして定刻になったらチャイムなどを鳴らして、強制終了します。チャイムを鳴らすには勇気がいりますが、そのルールを厳守しないと会議を終了時間に終わらせることができなくなります。ですので、会議の前にその旨をタイムキーパーが参加者に伝えておき、全員が時間を意識して会議に臨むようにしましょう。

議論を円滑に進める準備をする

会議で使う資料は事前にメールで送信して共有しておきます。会議が始まってから資料を初めて見るということでは、議論に入るまでに時間がかかってしまいます。また、会議の場での資料の説明は、特に重要なポイントだけで済ませるようにします。

議題についても、事前に「何について議論するのか？」と「どういう意見、発言を求めるのか？」を伝えて、準備してもらいます。

会議が始まってから議題を伝えられて、意見を求められても、じっくり考えることができないし、手元に必要な資料がないので、発言することができないという場合はけっこう多いのです。部下の中には、情報を精査し、きちんと考えをまとめてから意見を述べたいと思うタイプもいます。参加者全員が自分の意見を発言し、活発な議論を交わす場にするために、**少なくとも前日、できれば2~3日前までに、参加者に会議の議題を伝えておきましょう。**その際、たとえば「次の会議で販促キャンペーンについて話し合います」とだけ伝えるよりも、「次の会議では、販促キャンペーンで行なうイベントのアイデア出しと購入者へのノベルティーの具体案を各自提示してもらいます」と伝えておけば、そのことについて具体的に考えたり、資料を集めて会議の準備を進められます。そうすることで議論が円滑に進み、時短にも寄与します。

会議が始まる前にアジェンダをメールで配布しておけば、会議全体の流れを確認しながら進められます。

会議の録画は特別な理由がなければ、しないことをおすすめします。録画されて記録が残ってしまうとなると、その録画を誰が見るのかわからないので、それを気にして発言を控える人が出てきます。これでは、議論が活性化しません。円滑に進められなくなってしまいます。ですので、会議の冒頭で司会が、録画、録音をしない旨を伝えることが必要です。

何ごともそうですが、準備をしっかり行なうことで、そのあとの結果が変わってきます。会議が意味のある、価値ある時間になるか否かは、「事前の準備次第ですべてが決まる」と覚えておきましょう。

POINT

リモート会議は短時間で効率よく行なう

1 不慣れからくる疲れをできる限り軽減する
2 タイムキープを確実に行ない、定刻終了を宣言する
3 議題を事前に伝えて会議に参加する準備をしてもらう

03

リモート会議は司会次第で結果が変わる

会議における司会はイベントなどで会場の空気感を温めたり、盛り上げたりするMCや、淡々と進行をうながすだけの式典などの司会とは異なります。求められるのは、**会議をゴールへ導くためのファシリテーターとしての役割です。**

ファシリテーターは会議の中で重要な役割を担いますが、主役ではありません。主役はあくまでも参加者なので、会議の支援者の立場でいることが大切です。

ですので、組織の中で力を持っている人物や組織の長となる人がファシリテーターになるときは、自分の意見を押し出すようなことは避けなければなりません。要は、少し忍耐力が必要になるということです。

ファシリテーターが会議の場で主に行なうことは次の5つです。

❶ 会議の目的を明確にする

会議の目的はできるだけ絞ることがポイントです。

たとえば、「リピート購入率を高める」ことがメインのテーマである場合、その日の会議で、具体策まで決めてしまうのは難しいとなれば、その日は「アイデアを出す」ことのみを目的にします。

事前に「アイデア」を考えてきてもらえば、新しいアイデアがドンドン提案されることになり、短時間でも成果が出る会議となります。

❷ ゴールを決める

その日に取り上げる議題について、それぞれ、**どこまで議論するのかについて、会議の冒頭でゴールを具体的に伝えることも大切です。**「アイデアを出す」ことが目的の会議であれば、「アイデアを100個出すことがゴールです」と伝えるということです。

❸ ルールを伝える

参加者が自由に安心して発言できる場を作ることはファシリテーターの重要な任務の1つです。**「会議の場で参加者全員が守るべきルール」を会議の冒頭で伝えて全員で共有します。**

たとえば、「参加者の発言に対して頭ごなしに否定、批判しない」「遅刻者がいても会議は定刻にスタートする（たとえ社長や役員などが遅刻しても）」「発言する時間は1人2分以内とする」など、細かなルールを事前に決めておきましょう。

❹ 話を引き出す

参加者全員が積極的に意見を出し、議論することができるかどうかも、同様にファシリテーターの采配にかかっていると言っても過言ではありません。

会議で活発な議論が行なわれるようにするには1人1人の意見を拾い上げることが必要です。リアルな場で行なう会議よりもリモート会議の場合、やり方次第では意見が出やすくなります。

おすすめは、**参加者に挙手して発言をしてもらうのではなく、テレビ会議システムのチャット機能を使って意見を出してもらうことです。**声に出してアウトプットするよりも、キーボードを使ってテキストを入力するほうが、心理的なハードルが下がることが理由です。

また、モニター上では、役職や社歴に関係なく全員がフラットに表示されるという視覚上の効果も影響しており、リアルな場よりも意見が出やすいのです。

私が主宰しているオンラインサロンのＬＩＶＥセミナーのＱ＆Ａコーナーでは、リアルな会場で行なうときの3倍以上の質問が上がってきます。ファシリテーターは、チャット機能をうまく活用して、参加者全員から意見を拾い上げるようにしていきましょう。

❺ タイムマネジメントを行なう

会議を予定通りに進めていくことも大切な役割です。タイムキーパー役と協力してコントロールしていきましょう。

まずは、アジェンダをもとに、全体のタイムスケジュールを決めていきます。複数の議題があるとしたならば、それぞれ、どれくらいの時間を要するのか目星をつけて終了時間を決めます。休憩時間も含め、できる限り細かくタイムスケジュールを立てて、全員で共有します。

私は、自分が登壇するセミナー、研修会では、必ず細かくタイムジュールを書き出したメモを手元に置きながら進行していきます。そうすれば、講義の途中で当初のスケジュール通り進んでいるのか否かが一目でチェックできます。タイムコントロールが容易に行なえるので、終了時間はほぼ定刻で終わるケースが大半です。

会議の参加者の中には、終了予定時刻後、すぐに子どものお迎えなどのプライベートの予定を入れている人もたくさんいます。

また、続けてほかのリモート会議に出席する人もいるでしょう。終了時間を1分でもすぎれば、その予定が狂ってしまい、迷惑をかけることになりかねません。**会議のあとの時間は、各自の大切な時間であり、その時間を奪ってはいけないのです。**

リモートワークで勤務するスタッフが参加する会議では、働き方が多様化していることを考慮して、タイムマネジメントを厳密に行なうことが求められます。会議を定刻に終了させることは、ファシリテーターの重要な責務なのです。

POINT

会議を円滑に進めるためのファシリテーターの役割

1 ファシリテーターは司会者ではなく支援者になる
2 なんのための会議なのか？ 目的とゴールを明確に伝える
3 リモート会議の参加者の「働き方」を考慮してタイムキープする

04 リモート会議を効率よく進めるテクニック

リモート会議は長時間になると心身ともに疲労しストレスを感じてしまいます。決められた時間内に、議論を済ませ、きちんと終了し、成果を上げることが望まれます。

事務局担当者を決める

リモート会議では、事務局担当者を配備することが必須です。事務局は会議が滞りなく進行しているかどうかを目視でチェックすることが役割です。

具体的には、発言者以外は音声ミュートで参加することがルールとなっている会議で、ミュートし忘れている参加者を見つけたら消音すること。突然、モニター上から消えてしまう参加者を見つけて救済すること、そのためには、参加者全員の緊急連絡先を入手しておき、すぐに連絡をして状況を把握しサポートできるようにしておくことが不可欠です。事務局担当者はタイムキーパーが兼務してもよいでしょう。

会議は2つのスタート時間を設ける

参加者が会議の定刻に入室したとしても、その場ですぐに会議をスタートさせることができない場合もあります。

たとえば、テレビ会議システムに不慣れな参加者がいる場合、「音声が聴こえない」「画面が映らない」「会議室に入れない」など、さまざまな不具合が起こる可能性はゼロではありません。参加者のネット環境が不安定という場合もあるでしょう。

おすすめは、**会議室への入室時間と、会議のスタート時間を2段階で設定しておく**

ことです。入室から開始までに5分程度の余裕があれば、事務局が不具合を解消することができます。何も問題がなければ、その時間は軽い雑談をすることもできます。

また、システムの操作に不安を感じる人がいる場合は、定刻よりも早めに入室してもらい、ガイダンスを行なうようにしましょう。

参加者の名前がわかるようにする

同じ部署内のメンバーだけが参加する会議であれば、モニターの中に誰がいるのかはわかりますが、他部署との合同会議や、外部のスタッフも参加する場合、顔を見ても誰なのか、わからない場合もあります。誰が参加しているのかがわからない場で、安心して自分の意見を言うことには抵抗がある人もいるはずです。

これらを回避するため、**参加者はモニター上に自分の所属と名前を表示させることをルールとします。**表示する方法がわからない人も中にはいますので、事前に配布する資料の中に、説明を加えておきましょう。

意見をすぐに求めない

参加者に意見を求めるとき、いきなり発言することを求めると、一部の人しか自分の意見を言わなくなってしまいます。そうなると、いつも決まった人が意見を言うので、その人の意見ばかり通ることになります。これでは、会議をする意味がありません。ただ、普段から発言をあまりしない人を指名しても、すぐに自分の意見を言えず、沈黙の時間が続きます。

参加者に意見を募るときは、まずは2~3分程度、参加者が1人で考える時間を設けましょう。そのあとでテレビ会議システムのチャットを使って、意見を書き込むようにすれば、発言者が増えます。

議論は少人数で行なう

大勢が参加する会議の場合、発言者はごく一部の人だけになってしまいがちです。これは、リアルな場で行なう会議と同じです。そうなると、大半が傍観者となるので、参加している意義を感じなくなります。

対応策は、議論をする際に小グループに分けることです。テレビ会議システムでグループセッションができる機能があるので、3〜5名程度のグループに分けて行ないます。それくらいの人数であれば、傍観しているだけでは済まなくなり、全員が議論に参加することになります。その際、**小グループにもファシリテーター役を1名配置する必要があります。**グループ分けは、自動で振り分ける機能は使わず、事前に事務局担当がメンバー構成をバランスよく行なうことが必要です。

共通言語で話す

発言者が使っている言葉の意味と、受け手が把握した意味が異なれば、話が噛み合わなくなってしまいます。そういう言葉が出てきたと気づいたときは、司会は発言者に対して、「今の話の中で出てきた○○○とは△△△と解釈すればよいでしょうか？」などと投げかけて、**全員がその言葉の意味を明確に共通言語として理解できるようにします。**

第3章でご紹介した、「あいまいワード」が出てきたときも、突っ込んで具体的な言葉に変換して共有していきましょう。

POINT

リモート会議ならではの〝決まりごと〟を作って円滑に進める

1 リモート会議の運営はチームで挑む（司会、書記、タイムキーパー、事務局）
2 テレビ会議システムに不慣れな人がいることを考慮する
3 リアルな会議で有効な手段も応用する

05

リモート会議で新しいアイデアを生み出そう！

リモート会議を活用すれば、**アイデアを行動に移すまでのスピードが格段に上がります。**私自身の経験を少しご紹介しましょう。

コロナショックが起こる以前は、初めてお会いする人と打ち合わせするとなると、大阪駅の近くのホテルのロビーなどで待ち合わせをすることが多く、まずは、私の事務所のある神戸からそこまで電車で移動をしなければなりませんでした。

外出するには身支度も必要ですし、私の場合は待ち合わせ場所に少なくとも15分から30分前には到着して、カフェに入って待機しているというケースが多かったため、その人と会うまでに、身支度（30分）＋移動（50分）＋待機（30分）と１１０分もかかっていました。

さらに、打ち合わせ場所のカフェに移動するのに10分弱は必要ですから、合計で約2時間も、本来の目的の打ち合わせ以外のことに時間を費やしていたのです。

打ち合わせが終わって直帰したとしても、事務所に戻るまでに1時間はかかります。そうすると、1時間の打ち合わせなら、1日の稼働時間の約半分（4時間）が、費やされることになります。もし、その日は顔合わせだけということになり、本題は次回以降に持ち越しということにでもなれば、後日、同じだけの時間をかけて、打ち合わせの場所へ移動しなければなりません。とてもムダなことをやっていたんだなと、つくづく思います。

2020年の春に緊急事態宣言が発出された直後、友人のコンサルタントから、ある専門家をご紹介いただけるとのことで、テレビ会議システムを使って3人でミーティングを行ないました。その方とはすぐに意気投合し、私からちょっとしたアイデアをお話ししたことがきっかけで、**90分程度のミーティングの間に、あるイベントの開催が決定し、その詳細事項まで、あらかた決めることができました。**

その後、イベントを開催するにあたって、サポートしてもらうメンバーを募るため、私の知人数名へ連絡し、その30分後には、集客方法、運営体制、スタッフにいたるまで、すべて決まりました。リアルに会って行なうミーティングであれば、おそらく、数週間はかかっていたことが、2時間ほどで完了したことになります。

リモート会議をうまく活用すれば、アイデアを行動に移すまで今までの数倍の速さで実現できることを実感できました。

1人で考えず、「他人の脳」を借りる

今回、自分1人で考えていたとしたら、おそらく、小さなアイデアを短時間で形あるものにすることはできなかったでしょう。しかし、リモート会議で第三者へアイデアの種を投げかけたことで、私が1人だけで考えるよりも、格段に早く、さらにはクオリティの高い企画に仕上げることができました。

これは、**「他人の脳」**を借りたと言ってもよいでしょう。

パソコンを並列につなぎ合わせると処理速度が一気に上がります。スーパーコン

ピューターは、性能の高いCPU（Central Processing Unit：コンピューター内の制御・演算を行なう装置）をいくつもつなげることで、計算する能力を高めています。これと同じように、人の脳と脳をつなげていくことで1人で考えるよりも何倍も速く、クオリティの高いアイデアを出すことができるようになります。

1人で考えていると、どうしても今までやってきたことの延長線上でしか考えられません。ですので、新たな突破口を見つけることができず、発想も行動も縮小均衡におちいりがちです。

世の中の変化が激しい今の時期に必要なのは、新しいアイデアを生み出して、今までとは異なる道を見つけて、スピーディーに行動することです。そのためには、「1人で考えないこと」が重要です。あなたの周りには仲間や部下がいるはずです。彼、彼女たちと今まで以上に会話する機会を持つことで、自分だけでは考えつかない、思ってもみない世界へ到達できる可能性が高まります。

フリーディスカッションはオンラインでも十分に機能する

テレワークをしている場合、第三者と意見を交わしてディスカッションを行なうことは難しいと思われがちです。しかし、**リモート会議の場でフリーディスカッションを行なえば、参加者全員の脳をつなげて、新しいアイデアを生み出したり、議論を深めて問題解決の糸口を見つけることは可能です。**

私が主宰しているオンラインサロン（マネジメント情報ラボ）では、毎月1回、テレビ会議システムを使って、10名前後の参加者を募り、リモート会議を行なっています。参加者は経営者、企業にお勤めのマネージャー職の方々で業種はさまざまです。

その場では、参加者同士が各自の問題、課題を持ち寄り、1人あたり20〜30分程度の時間を使い、ディスカッションを行ないます。参加者がよい意味で無責任に自由にアイデアや意見を出し合ったり、質問を投げかけるなどして、ドンドン議論を深めていきます。

このプログラムは、以前はリアルな場で対面で行なっていましたが、リモート会議で行なっても、遜色なく成果を出すことができています。**自分とは異なる立場の人たちとじっくり意見交換をする時間を持つことで、自分では見えなかったことに気づくことができます。**また、1人では思いつかなかったアイデアが生まれることを実感できるので、参加者の満足度はいつも高く、リピート参加率が7割以上となっています。

職場における会議でも、このように、フリーディスカッションが主体の会議を行なうことで、テレワークで1人で仕事をしているメンバーの悩み、課題を早期に解決することができるのでおすすめです。

私が主宰する「マネジメント情報ラボ」はどなたでもご参加できるオンラインサロンです。ご興味がある方は以下のQRコードよりチェックしてみてください。

https://okamotofumihiro.com/mil/

想定外の事態に見舞われたり、過大なストレスを受けたりしたときには、思考や行動が停止してしまう「茫然自失」状態におちいります。コロナ禍でショックを受けた企業、ビジネスパーソンは今そういう状態にあると言えます。しかしながら、時代の変化の流れが激化している中で立ち止まってしまうと、一気に下流に流されてしまいます。

逆に、他社（者）が後退している中で、一歩でも進めば、2倍以上前進したことになります。今は結果が倍速でついてくる時代です。リモート会議をうまく活用すれば、あなたが目指すゴールに早く到達できるということです。

POINT

リモート会議なら短時間で新しいアイデアを実現できる

1　リモート会議なら身支度、移動時間が不要になる
2　自分1人で考えない
3　フリーディスカッションで、今までにないアイデアを生み出そう

おわりに

「働き方」については、政府のあと押しもあり、ここ数年で少しずつ変化してきましたが、コロナ禍を経ることで、そのスピードが一気に加速し、新しい働き方である「テレワーク」が広まりました。それにより、多くの経営者、マネージャーが戸惑い、マネジメントについて問題を抱えています。

ただ、この状況が元に戻ることはまずありません。世の中のあらゆることが変化しているのと同様に、働き方が変化するのを止めることは誰にもできないのです。行なうべきことはその変化へ対応することです。

今の時代を生きる経営者、リーダーに求められることは、現場で起こっている変化に目をつむるのではなく、直視して、これまでのマネジメントのあり方、やり方を変化させ、新しい働き方（テレワーク）で仕事をする部下へ、新しいマネジメント手法をもって対応する術を身につけることです。

進化論を唱えたダーウィンは、「この世に生き残る生物は、変化に対応できる生物だ」との考えを示したといわれています。それは、ビジネスにおいても同じです。変化に迅速に対応できた者だけが生き延び、成果を上げつづけることができるのです。

本書をお読みいただいたことに感謝の気持ちをお伝えするとともに、変化に富む激流の時代で現場の舵取りを行なう経営者、リーダーの皆さまへ心からエールを送りたいと思います。

最後に、出版するにあたりご協力いただいた皆さまにも心よりお礼申し上げます。

2020年10月　メンタルチャージISC研究所 株式会社 代表取締役　岡本文宏

本書を事前にお読みいただいた方たちのご感想

- 遠隔であっても、スタッフと心を通わせることができる秘訣を教えていただきありがとうございます。さっそく実践してみます。
- 相手のことを思いやって、耳を傾けることの大切さがわかりました。
- 直接見えないからこそ、見えるとき以上の「思いやり」と「寄り添い」、「共感」が必要なんだと再認識しました!
- 「コロナ禍」の今の時代に必要な情報が示されている、タイムリーでニーズの高い本だと思います。
- 読んだあと辞書のように、答えが引けるような書き方になっていたのが大変よかったです。
- 普段のコミュニケーションで必要な注意点もあり、学ぶことがたくさんあると感じました。リモートであってもやはり人対人の関係が大事であるということが伝わってきました。
- 部下育成やグループ会社とのコミュニケーションの改善にリモート・マネジメントを活用したいです。
- 具体例があり、わかりやすかったです。リモートワークで悩んでいる読者の方が行動に移しやすいと思いました。
- リモートワークにおける新しいマネジメント手法を学ぶうえで、本書は非常にわかりやすく、どの章から読んでも読者の関心事にこたえてくれる、おススメの一冊である!
- 私自身はずっと自宅で仕事をしているので、時間管理の方法など大変参考になりました。
- 時代に合った書籍であると感じました。
- 素晴らしい視点・内容なので、多くの気づきをいただきました。
- この書籍は、若い上司にぜひ読んでもらいたいです。
- 自由参加型のランチ会やリアルでも会う場を作るのは、とてもよいアイデアだと思いました。
- この本はテレワークで多くの人が戸惑っている事例を取り上げ、解決のヒントを与えてくれる、と感じました。
- 変化していく毎日への不安や戸惑いがなくなり、前向きに進めそうです。
- 具体的な事例がいっぱいで、とてもわかりやすいです。応用できる項目が随所にありました。

- 管理職だけでなく、企業のバックオフィス部門の方に読んでほしいです。この本には具体的なノウハウが盛りだくさんに入ってます。
- 本当に、今、必要とされている内容ですね!
- 「これだ!」「これだ!」と思うところがたくさんありました。私どもの会社においては参考になるものばかりでした。
- 今の時流にあっていると思いました。マネジメントだけではなく、リモート営業などの局面では、かつて必須とされたアイスブレイクや雑談が無意味になります。いきなり各論から入るので商談自体も短くなると思います。そのような中で何が求められているのか考えていたので、ご著書の内容は参考になりました。
- オンライン／オフラインに関係なく、上司と部下の人間関係を構築するための基礎が学べる内容だと感じました。
- 全体的に穏やかな説得力があり、1つ1つの文章が読みやすく、関心も寄せやすかったです。自分の立場が上司であっても、部下であっても、気づかされることが多くあると思います。

●ご協力者一覧（敬称略、五十音順）

相葉恭子
赤木武史
芦田純子
安藤 聡
石井和雄
石井 紫
石田祐一郎
伊藤伸幸
伊藤浩明
加島広基
加藤知彦
金山あみ子
川口繁則
川野紀行
岸 裕亮
木下秀樹
木下芳隆
国井 桂
近藤敏弘
坂口 猛
櫻井智徳
柴田清志
庄司美喜子
鈴木加菜
田倉怜美
田城裕司
田中久美子
角田光浩
友清浩子
永井恵子
中島史朗
中野則子
中本美智子
西塔隆二
沼尻洋壱
原 幸彦
日浦正敏
尾藤克之
法貴かおり
松本知佐子
森田直人
山口朋子
山下英希
吉田哲也
吉田 学
渡邊真亀子

参考文献

『ポジティブな人だけがうまくいく3:1の法則』(バーバラ・フレドリクソン、日本実業出版社、2010年)
『10代の脳　～反抗期と思春期の子どもにどう対処するか～』(フランシス・ジェンセン／エイミー・エリス・ナット、文藝春秋、2015年)
『学びを結果に変えるアウトプット大全』(樺沢紫苑、サンクチュアリ出版、2018年)
『生産性アップ!　短時間で成果が上がる「ミーティング」と「会議」』(沖本るり子、明日香出版社、2017年)
『「会議ファシリテーション」の基本がイチから身につく本』(釘山健一、すばる舎、2008年)
『ユダヤ人の成功哲学「タルムード」金言集』(石角完爾、集英社、2012年)
『グーグルに学ぶ最強のチーム力　成果を上げ続ける5つの法則』(桑原晃弥、日本能率協会マネジメントセンター、2019年)
『ジェット旅客機の秘密』(中村寛治、SBクリエイティブ、2019年)
『仕事をまかせるシンプルな方法　──9割がパート・アルバイトでも繁盛店になれる!』(岡本文宏、商業界、2013年)

参考Webページ

NEWS PICKS　～WEEKLY OCHIAI～2019年11月27日配信分～
朝日新聞デジタル　「勉強時間は短い方が好成績?」
http://www.asahi.com/ad/15minutes/
朝日新聞GLOBEのWebページ
https://globe.asahi.com/article/12018789

岡本文宏（おかもと ふみひろ）
メンタルチャージISC研究所 株式会社 代表取締役
スタッフにまかせて業績を上げる実践法を教える専門家。1966年、兵庫県神戸市生まれ。アパレル専門店チェーン勤務、セブンイレブンFC店オーナーとして14年間、現場でチームを率いてきたことで手に入れたリソースを活用し、経営者、リーダーに"人"を活かした業績向上メソッド、マネジメント手法、採用ノウハウを提供。2005年にメンタルチャージISC研究所（株）を設立。現在までに250社以上にリモート・コンサルティングを行ない成果をあげている。テレビ（NHK「おはよう日本」、民放ニュース番組）、ラジオ（民放各社）への出演、新聞、雑誌の取材も多数。複数の専門誌への寄稿、連載や企業研修、セミナー（年100本以上登壇）など精力的に活動している。著書は『店長の一流、二流、三流』（明日香出版社）など多数。海外でも翻訳されている。

岡本文宏のホームページ
https://okamotofumihiro.com/

「公式メルマガ」の登録はこちらから
https://okamotofumihiro.com/mail-magazine/

テレワークでも部下のやる気がぐんぐん伸びる！
リモート・マネジメントの極意

2020年10月25日　第1版第1刷発行

著者　岡本文宏
発行所　WAVE出版
〒102-0074　東京都千代田区九段南3-9-12
TEL 03-3261-3713　FAX 03-3261-3823
Email　info@wave-publishers.co.jp
URL　http://www.wave-publishers.co.jp

印刷・製本　中央精版印刷

©OKAMOTO Fumihiro 2020 Printed in Japan
ISBN978-4-86621-307-1
落丁・乱丁本は小社送料負担にてお取りかえいたします。
本書の無断複写・複製・転載を禁じます。
NDC336　244p　19cm

読者限定特典のご案内

本書をお読みいただいたあなたへ特別に3つのプレゼントをご用意しました。
下記のQRコード、もしくはURLよりダウンロード申請をしてお受け取りください。

特典1 マネジメントツールをダウンロード

本書でご紹介したマネジメントシートと
動画の視聴URLをまとめてダウンロード

- プラス要素発見シート（第1章 01）
- 新人研修動画リスト視聴URL（第4章 03）
- ミーティング準備シート（第5章 04）

特典2 岡本文宏の動画セミナーが視聴できる!

タイトル「これから10年使える“経営脳”に
トランスフォーメーションせよ！ ～序章～」

経営者、リーダーが知っておくべき、激流の時代を乗り切るための思考法と行動の具体策をご紹介しています。（視聴時間 約20分）

特典3 岡本文宏のメールレターを無料配信

著者が創業以来ずっと執筆している「やる気と売る気を10倍上げる人材育成術★実践ジャーナル」を無料でお届けします。日々のマネジメントにお役立てください。

3大特典をまとめてダウンロード
https://okamotofumihiro.com/rmpre/ →

本書でご紹介した岡本文宏が主宰するオンラインサロン『マネジメント情報ラボ』の詳細情報については以下のWebサイトよりご覧ください。

https://okamotofumihiro.com/mil